让花成花，
让树成树

于海朋　姜倩莉　林伟　主编

青岛出版集团 | 青岛出版社

好书共创联合作者

翟小宁	孙 睿	熊 辉	秦启庚
姜倩莉	杨 芳	蔡文芳	梁小萌
林 伟	张言希	康海军	孙 飞
蔡玲玲	黄 霞	飞鸥妈	伍思羽
周丽瑷	陈昭希	冯 华	王 茜
单晓颖	韩 艳	孙萍萍	王一萍

朋友你好!

感谢你能翻开这本书,一是感谢你对家庭教育的关心,二是感谢你能给我们机会通过这种方式与你相遇。

"教育有法而无定法。"希望书中的内容对你有所启迪,而不是带给你知识的负担。毕竟从小到大我们接触到了太多的信息,与其增加,不如删减。

就像老祖宗说的,"为学日益,为道日损"。我们读书不是为了成为家庭教育的专家,而是为了让我们的孩子因为我们的提升而变得更好。

所以,这本书没有长篇大论,而是邀请了24位不同领域的作者,为你奉上他们每个人对教育独有的认知和方法。

意在启迪,而非灌输。

你可以一次性读完这本书，也可以每次只读一个小节。其中，教育专家访谈的内容，更侧重于教育通识，如有可能，我希望你能多读几遍。

文字是自由的，你也是，怎样阅读，你说了算。

作为一名出版人，我知道一本书解决不了所有的问题。在争取作者们的同意之后，我也把他们的联系方式留在了书中的插页上。这样，当你被其中某位作者的观点启发，想更深入地与他进行交流的话，就可以直接联系到他。

这是作者送给读者的礼物。

与你一样，我也是一名家长。成长不可逆，如何做父母就成了我们一生要学的必修课。做这本书与其说是主业使然，不如说是我在向24位作者请教如何演好父亲这个角色。事实证明，通过与各位老师的交流，我的收获是巨大的。

是他们让我知道了，每个生命都是独特的，不能一概而论；在面对孩子的时候，其实是我们在面对自己；有的孩子是花，有的孩子是树，我们要学会多听多看；我们可以把孩子当孩子，也可以把孩子当老师……

相信通过阅读这本书，你会比我收获得更多。

除此之外，作者带给我们的，是他们散发出来的人格魅力。

比如秦启庚老先生，他24年来帮助无数家庭摆脱了教育困境，却分文不取；比如熊辉先生，为了学术的独立放弃了很多人梦寐以求的身份和名望；比如孙睿先生，为了让每个孩子都能找到自己的使命并长成自己真实的样子，进行了一次又一次的学校教育改革；比如翟小宁先生，从小学到大学，从教师到教授，一直都在教育的路上；当然还有被孩子们亲切地称为"林妈妈"的林伟女士、常年奋战在心理咨询一线的姜倩莉女士等。

是他们，让我真正知道了，什么叫人格独立，什么叫思想自由；也是他们，让我知道了，做家庭教育要有天人师的格局和情怀。做出版应如此，做父母也应如此。与他们同行，让我倍感荣耀，每每想起，便如暖阳在心。

今天，我把他们介绍给你，希望能通过这本书，连接彼此的世界，人生海海，咱们共同前行。

当然，如果你也想成为作者，分享自己的经验和故事，那么欢迎你来找我，我们可以共同努力，让这个世界变得更加美好。

见书如面，祝幸福、喜悦。

于海朋

2024 年 12 月于青岛

目录

第一章

深度对话·
共悟家庭教育

***

翟小宁
孙 睿
熊 辉
秦启庚

教育之道即天人之道

对话人物：

翟小宁

采访者：于海朋

我们不能强迫花朵提前开放，否则就是拔苗助长。花朵会在适当的时机自然绽放。

于：我记得在一本管理类的书中，作者把商业组织和人类变迁有机地结合起来，指出在未来组织可能会朝着青色组织[1]的方向发展。在青色组织中，每个人不仅能够实现自我的充分绽放，还会通过打造个人IP的方式，输出用于管理像青色组织这种能够使个体自我绽放的组织的方法论。那么，这种变化在教育领域会带来哪些影响呢？

翟：在当今的教育领域，我观察到学校组织内部正经历着一种深刻的变化。教师与学校之间的连接逐渐变弱。以往，多数教师必须依赖学校提供的平台才能实现其专业价值和个人成就。然而，随着时代的发展，特别是互联网技术的普及，这一局面正在发生根本性的变化。

如今，老师们的影响力不再局限于校园内，学生们最崇拜的老师也不一定就是这个学校的老师。在过去，学生最崇拜的老师往往在其就读的学校。但是，他们现在可能会在互联网上遇到一位自己最崇拜的老师。这反映出目前学校的师生间存在着一种弱连接的现象，人与

1. 青色组织：企业进化理论中将组织的进化用"颜色"来进行划分，其中青色组织是企业进化的最高阶段。青色组织是指将组织视作是一个有机生命体，组织中的每一个成员，在各自的角色上也是一个完整的有机体。相比其他"颜色"的组织，青色组织呈现出身心完整、进化目标、自我管理的突破。参见：魏少俐.资深HRD手把手教你进阶[M].北京：中国经济出版社，2022:62-63.

人之间的关系在互联网时代变得更为游离。如果我们仍然沿用传统的组织结构来管理人，有时候并不奏效。

对于每个人而言，如果一味依赖于某个组织，那多少有些落伍了。在互联网时代，"原子社会"[2]的特征愈发突出，个人的价值愈发凸显。实现自身的价值提升才是正道。人工智能技术可以应用于很多流水线的工作，互联网像一个百花齐放的大舞台。在这样的环境中，如果一个人具备独特的价值，那是不可复制的，也是其独特的能力所在。因此，成为自己，成为有特长突出的自己，显得尤为重要。

2. 原子社会：这里是指社会原子化。所谓社会原子化，主要是指社会转型期因人类社会最重要的社会联结机制——中间组织的解体或缺失而产生的个体孤独、无序互动状态、道德解组和社会失范等社会危机。社会原子化的特征主要有：一是人际关系疏离化，二是个人与公共世界的疏离，三是规范失灵、社会道德水准下降。参见：田毅鹏.社会原子化与转型期中国城市社会管理之痛[J].信访与社会矛盾问题研究，2013(03):86-96.

于：那么，在这样一个环境中，家庭教育会发生什么变化呢？

翟：从根本上来说，教育是关于人的教育。因此，教育学也是"人学"，是探讨人成长的学问。需要强调的是，这里所说的人并非抽象的概念，而是每一个具体、鲜活的个体。当深入这些个体的内心世界时，我们会发现个体的生命既丰富又细腻。作为教师，我在课堂与学生相处时，深刻地体会到这一点：每个学生都是有丰富的内心活动的个体，每个学生的心都非常敏感。当意识到每个学生的内心世界都是如此丰富、细腻时，我对教师这个职业产生了更深的敬畏。我深知，教师的每一个眼神、每一句话，都可能在学生心中引起强烈的反响。我深切地感受到教师这一职业的重要性。我意识到，教师的一句话、一个举动都可能影响孩子的心情，甚至决定孩子的一生。

教育的价值在于对个体生命的关怀和培养。当我们认识到人不是一个抽象的概念，而是具体生动的生命时，我们对人的敬畏感就会油然而生，对教育的敬畏心也随之产生。作为教师，我们的眼中不应该只有抽象的人，而应该关注每一个学生的内心。

家庭教育同样如此，因为父母与孩子的亲情联系，父母对子女的了解往往更加深入而具体，父母在孩子成长过程中所起的作用会更大。因此，父母更要树立个性化的教育理念。人的成长是个性化成长的过程。世界上没有两片相同的树叶，同样也没有两个完全相同的人。教育也应个性化。

在学校教育中，我作为校长，一直倡导个性化教育。我们通过设置丰富的课程，让学生选择自己喜欢的课程，以实现全面而有个性的发展。这些课程必须着眼于德智体美劳的全面发展，包括国家必修课、大量的选修课，以满足学生不同的兴趣和需求。学生从这些课程中找到自己喜欢的课程，也就找到了自己内在的禀赋和特长。一个人喜欢什么，往往就是其禀赋所在、特长所在。因此，一定要注意孩子喜欢什么。比如，孩子喜欢音乐，你却只关注他有没有好好做数学题。这绝不是教育。孩子喜欢音乐，音乐就是他的禀赋所在。家长如果为了让他好好做数学题，而不让他去搞音乐，甚至都不能听音乐、唱歌。最终，孩子题做不好，音乐天赋也被泯灭了，就非常可惜。家庭教育一定不要忽视孩子的个性和禀赋。有的父母可能会因为自己的主观愿望或所谓的社会标准而强迫孩子放弃兴趣，去追求所谓的成功。这种做法不仅会让孩子失去学习兴趣，还可能泯灭其天赋。

每个人的成长是不一样的。天赋其能，《中庸》曰"天命之谓性"，上天所赋予的天命就是万事万物的本性。比如，天命赋予樱花以热烈的本性，樱花就会在春天绚丽绽放，上天从来不要求樱花变成别的花，樱花也变不成别的花。如果把大千世界的万事万物统一标准，那这个世界还会如此丰富吗？那样一来，樱花没有了，牡丹花也没有了，万紫千红的景象也就没有了。

再回到教育，有些人在主观上要统一标准，用简单的标准去面对无数个性鲜活的生命，我认为这是不可取的。对生命的尊重，首先是对生命个体的尊重。每一个人来到这个世界上，都有其天赋的使命和独特的个性，教育的目的应该是帮助人成为更好的自己，而不是按照别人的意志塑造本来生动鲜活的生命。

在这个世界上，如果每个人都能达成自我实现，这个世界会更美好。个性化教育很重要。在我担任校长期间，我带领老师们开设了丰富多彩的社团活动课程。有的同学热衷于植物研究，有的对生物学情有独钟，有的对航空航天领域的知识充满好奇，有的偏爱文学，还有的对社会学颇感兴趣。这些学生能在学校的社团活动中找到同道中人，根据自己的兴趣进行深入研究。例如，对社会学感兴趣的同学会研究留守儿童问题及空巢老人问题等，通过收集大量的数据来进行研究。这样的社团活动非常有意义。

除了社团活动，还有一种课程形态是无可替代的，我称之为"个性化课程"。比如，如果有学生特别喜欢研究生物学，我们学校的生物老师可以为其提供个性化的指导，甚至可以联系在大学任教的教师，邀请其加入研究团队。这些大学生物老师可以带学生进入大学的生物实验室，让学生亲自动手做实验。这样一来，学习的边界就打开了。

有一个女孩子很热爱生物学研究，她的研究成果很多，曾在国际上获过大奖。作为奖励，一颗小行星以她的名字来命名。这对她来说无疑是巨大的鼓励。一个中学生能做到这样，看似是奇迹，但实际上，只要给予适宜的成长环境，尊重其个性，顺应其天性，每个人都能创造属于自己的奇迹。

于：很多家长不理解顺天致性和放任不管的区别，因此容易走偏，这方面您有什么建议？

翟："顺天致性"并不是放任不管。其中的"顺"和"致"，主要是针对教育者而言。"顺"本身就是一种行动，这个字十分耐人寻味。你看，"顺"字中包含了一个"川"，象征着川流不息。任何河流都是沿着其河道流淌，长江大河亦是如此，顺流而动最是自然。当然，你也可以溯流而上，但更好的方式无疑是顺流而行，顺应自然趋势。孙中山先生说："世界潮流浩浩荡荡，顺之者昌，逆之者亡。"世界的潮流是一种大势，而大势背后所依循的便是"道"。这个"道"决定着"势"的方向。"顺天"，即顺应天道，绝非无所作为，更不是放任自流。顺应天道本身就是一种合道的行为。教育应当合道，追求与天道、地道、人道相契合的教育，即符合教育本质的教育。

合道的教育究竟是什么？合道的教育意味着顺应人的成长规律。以小孩子为例，他们在成长过程中需要大人的照料，也需要爱。但爱并不等同于放任不管，爱本身就蕴含着教育的成分，爱的关怀、爱的教育才是温暖的。甚至可以说，若要用一个字来概括什么是世界上最好的教育，那便是"爱"。爱是教育的灵魂，没有爱，就没有教育。因此，"顺天致性"绝对不是指什么都不做，而是说教育一定要顺应天道。家长每天都在与孩子相处，其思想观念、言行举止都在潜移默化地影响着孩子。如果家长不研究教育之道，不考虑孩子的天性，不尊重孩子的意愿，那么他们的教育行为可能会适得其反。比如，有的孩子偏爱数学，但家长偏偏盯着他的语文成绩不放，要求他语文成绩必须考满分，这是不切实际的。好孩子是夸出来的，家长一定要善于发现孩子的优点。每个家长都在以自己的方式影响孩子，他们的言行举止时刻在对孩子产生作用。家长必须努力探索教育规律，实现家庭教育的自洽。

尊重个性的教育，涉及一个核心观点：无论是学校教育还是家庭教育，都应追求个性化教育。而且，在我看来，家庭教育在追求个性化教育方面更有优势。个性化的教育方式多种多样，包括丰富的课程和社团活动，但最终还要落实到具体的人身上。家长与孩子朝夕相处，最了解孩子的需求和渴望。因此，家长应该深入孩子的内心世界，按照孩子的愿望进行适当的引导，这就是真正的个性化教育。课程和活动只是实现个性化教育的手段，真正的个性化教育应该融入日常生活的点点滴滴中，做到尊重个性、顺天致性。

于：通过您的阐述，我发现您的一个核心观点就是尊重。然而，很多人对尊重的理解可能会产生偏差。他们知道要尊重孩子，但在具体行为中却常常忘记这一点。对此，您有什么建议？

翟：没有尊重，就谈不上教育。很多家长确实知道要尊重孩子，但他们的尊重往往变成溺爱。尊重是建立在平等之上的。在亲子关系中，特别是孩子年幼时，家长是主导者。每个孩子来到这个世界，都带着自己独特的成长密码。生命本身就有巨大的成长力量。只要给予孩子基本的生存条件，让他们正常生长，数年后，他们就会长大。但是，这并不意味着教育不重要。相反，教育非常重要，教育的重要性怎样强调都不为过。毕竟，教育是人的第二生命。教育不仅要顺应孩子的天性，还要引领孩子成为自己理想的人。从这个角度看，在生命的成长中，教育的价值巨大。

家长要启发和唤醒孩子，让孩子认识到自己应该成为什么样的人。这首先要求家长自己觉醒，明白生命的价值和教育的规律，然后再去唤醒孩子。当然，让孩子不断自我觉醒是更好的方式，父母毕竟无法陪伴孩子一生。人在一生中会有很多觉醒的时刻，可能是3岁，也可能是30岁，只有不断觉醒，才能深刻领悟生命的意义。

在孩子3岁的时候，便已在与父母的对话中展现出了主体意识。等到中学阶段，孩子往往会进一步觉醒，开始明晰自己喜欢做什么，清楚自己将来想要成为什么样的人，比如是钟情于科学，还是热衷于文学。

通常而言，孩子在十几岁时就应当立志了，但这里所说的立志，绝非家长强行要求孩子去立下志向就能达成的，而是要通过恰当的方式去引导孩子，比如引导孩子去阅读各类好书，像人物传记以及经典作品等。要知道，读书堪称是最好的教育方式。在孩子读书的过程中，他们自然而然地就能知晓很多道理，进而明白自己应当怎么做，应当成为怎样的人。

于：您多次提到教育的规律，有哪些规律是家长必须知道的？

翟：对于教育的规律，许多人或许了解一些，但要完全掌握其中因果链条并非易事。

教育就是唤醒。教育的一个基本规律就是唤醒。如果不能唤醒一个人，他就无法自主成长。教育不是扼杀人的天赋，而是促进其生长。教育固然包含灌输知识，但更重要的是——点燃孩子的激情，激发孩子的潜能。

教育就是发现。发现每个人的自然的天赋，并帮助他成为更好的自己，这是教育的发现之道。

教育就是养正。童蒙养正，在孩子的成长过程中，家长可以引导孩子多读书，营造良好的家庭学习氛围，帮助孩子形成正确的世界观、人生观和价值观。教育是播种。想象一下这样的画面：在一个家庭之中，处处都弥漫着那股淡淡的、沁人心脾的书香气。家里的藏书丰富，摆满了大大小小的书架。父母皆是热爱阅读之人。晚餐过后，一家人各自捧起一本书，而后沉浸在浩瀚的书海之中。在阅读的过程中，偶尔也会有人抬起头，彼此间交流几句刚刚从书中获得的感悟与心得。这种环境，润物于无声。

教育就是尊重。个性化教育，正是基于对人性的深刻认识——每个人都是独一无二的。"一花一世界，一叶一菩提"，每一朵花、每一片叶子都蕴含着无尽的奥秘，人亦如此。深入探究，我们会发现，无论是教育之道还是哲学之道，都与天道、地道、人道紧密相连。

当我投身于教育工作时，起初或许只是凭借着热情和爱心，但随着时间的推移，我逐渐走向哲学的高度，开始透过哲学来领悟教育的真谛。教育之道不仅限于教育本身，还能让我们领悟到更大的人生之道、自然之道、社会之道，乃至宇宙人生之道。

悟道的方式多种多样，所谓条条大路通罗马。方法虽有万千，但遵循天道、地道和人道至关重要。天之道是利而不害，人之道是为而不争，而成己之道则是自强不息、厚德载物、天人合一、和而不同、修身为本、明德至善。这些原则不仅适用于个人修养，也是教育规律的核心部分。

教育，其实更像是一个播种、施肥、浇水的过程，而非单纯追求一个既定的结果，因为结果往往是自然而成的。上士畏因，下士畏果。真正有智慧的人，深知因果相连，因果不空，重视每一个语言行为的起因，明白自己的语言行为将带来何种结果。起心动念，言行举止，转迷为悟，转凡成圣，努力在因上发力、在因上做好。若行善事，自然能收获善果。智慧不足的人，面对结果时往往惊慌失措，却不知这结果是早已由先前的因所决定的。因此，当我们理解了因果之道，就应重视童蒙养正，从小为孩子创造良好的成长环境，为孩子提供良好的教育。

孩子的成长，首先离不开家庭和父母的影响，其次离不开学校和教师的影响。孩子会模仿父母的行为，从中学习成长。一个行为不端正的成年人，难以培养出行为端正的孩子。孩子从小就会观察父母和老师的行为，模仿他们的样子。老师和父母必须以身作则，为孩子树立榜样。

谈及老师的起源，我时常思考这样一个过程：最初，家长可能为了生计而奔波，但当生活有所保障后，父母希望孩子能获得更好的成长，超越自己。然而，父母可能精力有限，或认为自己的教育方式不够科学，于是他们开始寻找优秀的人来陪伴和教育孩子。这样的人就是老师的雏形。古人对家庭老师极为重视和尊重，希望孩子能在老师的教化下获得智慧和成长。老师最初的本意是教孩子做人，即人师。后来，随着知识的积累，老师也开始教授知识，但人师的身份依然重要。

然而，到了工业化时代，学生数量激增，班级制应运而生。老师需要教授各种知识，人师的身份逐渐弱化，教授知识的功能被强化。如今，许多老师主要侧重于知识的传授，而忽略了韩愈所说的"传道授业解惑"中的"传道"。传道是老师最初的使命。

因此，顺应天性是合道的教育。家庭氛围每时每刻都在潜移默化地影响着孩子。明白教育的真谛至关重要。你如果想成为真正的好家长，多读一些优秀的教育类书籍大有裨益。

于：您觉得教育的终极目的是什么？

翟：我认为，从人生的视角来看，我们每个人降生于世，面对的环境、道路、所受的教育各不相同，这造就了我们各自独特的人生轨迹。然而，不论人生形态如何多样，我们不禁要问，人生的终极目标究竟是什么？对此，人们给出了不同的答案。有人追求更大的权力和更多的财富，但即便如愿获得，也未必能感受到幸福。幸福，这个很多人心中的最大目标，同样显得捉摸不定。幸福，即便此刻拥有，也难以保证明日依旧。有人一生历经坎坷，却能成就非凡。例如：孔子在逆境中成为伟大的思想家，司马迁在受刑后创作出《史记》。他们的人生告诉我们，不幸与成就并不矛盾。那么，人生的意义究竟何在？

中国人有"立德、立功、立言"之说，我认为这"三不朽"概括得极为精妙。立功，即在这个世界上有所作为，是每个人应尽的责任；立德，则是根本，是价值观的核心。作为教师，若不立德树人，便失去了教育的初心；作为家长，若不注重童蒙养正，也难以培养出优秀的孩子。即便是企业，若不敬畏道德，也可能瞬间崩塌。立功之外，立言同样重要。无论是教师的讲授、写作，还是我们制作视频、撰写书籍，乃至在此处的探讨，都是立言的一种方式。

那么，是否还有更高层次的人生目的呢？稻盛和夫曾提出，人生的目的在于修炼灵魂，以更高贵的姿态迎接新的生命形态。这一见解颇为深刻，我认为人生的最终目标，是获得一种圆满的觉悟。王阳明所说的"吾心光明，夫复何求"便是对此的生动诠释。他的一生无愧于天地，心光明磊落，无求无憾。心学的核心，便是"光明"。如"致良知"，良知便是那心中的一点光明；"心即理"，心中的道与理相融合，成为行动的指南。王阳明认为，理并非外在于心，而是由心生，需要经过内心的孵化、提炼方能领悟。他强调"知行合一"，行动与良知紧密相连。他还提出了"无善无恶心之体，有善有恶意之动，知善知恶是良知，为善去恶是格物"的观点。这些观点深刻揭示了心学的精髓。

每念及此，我都会感慨万千。智慧之光，是常照我们自己心中的光，让我们欢喜、自在，超越日月之光。如果我们自己常沐浴在这智慧之光中，心将变得更加柔软而光明。王阳明的心学，正是借鉴了历史上的重要理念，构建了"吾心光明"的境界。

人生的终极价值究竟何在？我以为，在于修炼内心和灵魂，达到光明的境界，从而真正实现人生的圆满与觉悟。

于：您通过花朵的比喻阐述了教育之道，认为教育应如给予花朵适量的肥料和水分一样，恰到好处。这种思想如何体现在具体的教育实践中？我们如何把握教育的"度"，避免溺爱或忽视？

翟：教育是服务于人生价值的，我写了一本书叫《心灵的教育》。在命题的过程中，我考虑过很多。最初，我想用"灵魂的教育"命名，因为我觉得真正的教育是灵魂教育。成书时，我最终选择了"心灵的教育"，这个题名亦能表达我的想法。现在，很多教育者没有抓住教育的本质，忽视了对学生心灵的唤醒。有的人学历很高，但心灵并未得到真正的培育和滋养，反而越学心越硬，既伤害自己，又伤害他人。这正是因为失去了教育的根本——灵魂教育。最初的教育，无论是孔孟的儒家思想，还是王阳明的心学，都是从心灵上下功夫的。我们应该重视教育的本质，回归心灵的教育，让每个学生的心灵都能得到真正的滋养和成长。

道蕴含在万事万物之中。你看一朵花，它是否有道呢？当然有。从教育中，我们可以悟出教育之道，比如给予适量的肥料和水分，过多则溺爱，过少则枯萎。我们不能强迫花朵提前开放，否则就是拔苗助长。花朵会在适当的时机自然绽放，每朵花都有其独特的形态，蕴涵着宇宙的生命密码，这就是"一花一世界"。我们可以从万事万物中体会到这种微妙而精深的道理。

"人心惟危，道心惟微。惟精惟一，允执厥中。"这句话告诉我们人心变化莫测，道心精微奥妙，臻于精一纯正，公允秉持中道。这里的"精"指的是纯粹不杂，"一"则是专心致志。要想做成一件事情，既要"精"，又要"一"。无论是天道、地道还是人道，最终都可以归结为"精"和"一"这两个字。"一"是一切的基础，有了"一"，才有了一切；失去了"一"，就失去了一切。"一"的背后，就是道。

因此，无论人生多么复杂，无论所从事的事业多么宏大，无论学问多么深奥，当我们真正感悟透彻时，都会归结到"一"这个字上。正如古人所说："道生一，一生二，二生三，三生万物。"要做好一件事情，一旦认准了目标，就要专心致志、精益求精。但在这个过程中，还要避免走极端，保持公允和中道。中道就是恰到好处，既不过分也不欠缺，就像投篮一样，正好投中篮筐。"中"就是恰到好处的意思。

于：在家庭教育方面，父母如何才能合道？

翟：我认为，人生的转折点往往发生在几个关键时期，其中之一便是成为父母的那一刻。那一刻，我们的角色发生了转变。常言道，孩子的出生也是父母的"重生"，意味着一个人要肩负起为人父母的使命。然而，大多数人在初为父母时，并未接受过系统的培训，只能在实践中逐步摸索和学习。

在担任父母的过程中，我们应与孩子一同成长，领悟育儿的真谛，感受育儿的幸福、快乐及挑战。育儿，其实也是一种修行。如果我们能够修炼好自己，教育就已经成功了一大半。

在与孩子的相处中，我们会自然地建立起亲子关系，这是决定教育质量的关键因素。亲子关系的基石，首先是夫妻关系。夫妻之间应充满爱与关怀，如果夫妻关系融洽，孩子就能在和谐的环境中健康成长。这对孩子的未来生活，包括恋爱和婚姻，都将产生积极的影响。

亲子关系从根本上来说是爱的关系。父母是孩子生命中重要的精神支柱，我们称之为"原幸福"。在这个充满不确定性的世界里，父母能够给予孩子的确定性就是无条件的爱。无论孩子是怎样的，我们都应该深深地爱着他。这种爱是家庭教育的根本，也是家庭教育的灵魂。

于：家庭教育其实是家庭成员一起往前走，大家就是一体的。在家庭教育中，家长如何找到适合自己的位置？

翟：当孩子出生后，父母也仿佛成为"孩子"，因为作为父母这一新角色，他们同样需要从零开始学习和成长。这种关系蕴含着深刻的道理。

首先，父母与孩子共同构成了一个成长共同体。在这个共同体中，双方需要共同成长，不应该存在分裂、对立的情况。父母应避免将自己的意志强加给孩子，而是要与孩子建立融洽的关系。其次，父母与孩子虽然是两个生命体，但之间存在密切的关系。特别是母亲与孩子之间，经过十月怀胎的紧密相连，这种关系更是无可替代。然而，尽管关系如此亲密，他们仍然是两个独立的生命体，有着各自的生长密码和生命力量。因此，父母应尊重孩子的独立性，帮助孩子成为更好的自己，而不是要求他完全按照自己的意志来成长。在这个过程中，父母应给予孩子爱的阳光和无微不至的关怀，为孩子提供良好的成长空间和足够的成长时间，让孩子茁壮成长。同时，父母与孩子之间的关系要追求和谐，要达到这种状态，就需要在很深的层面上实现天人合一，实现亲情的合一。这种合一并不是要求两者完全融为一体，而是在尊重彼此独立性的基础上，达到一种深层次的和谐与统一。

从这个角度来看，我们可以从家庭教育的自治中引申出对关系的全新解读。明白了这些关系之后，做父母就会变得更加愉快和从容，他们不会急躁或感到失落，而会感到这是一件非常幸福而美好的事情。

实际上，这种关系已经超越了家长与孩子的范畴，更是一种朋友、伙伴以及其他一切可能的关系。它强调的是彼此尊重、共同成长，并在爱的环境中实现真正的合一。

于：一些家长会把学霸培养的路径，或者拔尖人才的成长路径，去复刻到自己的家庭教育上。您对此有什么建议？

翟：人的成长是独一无二的，每个人的成长路径都各不相同，无法复制，也无法模仿。即使是父母和老师，也无法为孩子规定固定的成长路径。每个孩子都是独特的生命个体。

当我们谈论拔尖创新人才的培养时，我认为创新人才并非通过选拔产生的，而是通过培养造就的。如果过早地将所谓的创新人才"拔"出来，可能会引发一系列问题。首先，这样的"创新人才"是否真正符合我们对"超常儿童"的定义，这仍值得商榷。在谈论拔尖创新人才时，我们往往会联想到超常教育或超常儿童的培养。超常儿童确实存在，因为世界是多元化的。然而，在目前中国的基础教育中，选拔标准往往侧重于做题能力和知识积累，这样的标准远远不能涵盖创新人才所需的多方面素质。如果不解决这个问题，很多具有创新潜力的孩子就可能被忽视，甚至被扼杀。

过早地选拔人才也不符合人的成长规律。人的成长需要时间和空间，需要经历各种事情来积累经验。我们不能指望孩子一夜之间就能"长成参天大树"，因为这需要时间和耐心。因此，拔尖人才不是通过快速加工或拔苗助长的方式产生的，而是需要精心培养，给予孩子良好的成长环境，让孩子自然地成长和发展。

　　每个孩子都有自己的天赋和潜力，就像不同的植物有不同的生长方式和特点一样。我们应该尊重每个孩子的个性，让他们在适合自己的环境中自由成长。如果用单一的选拔标准或模式来培养拔尖人才，不仅无益于拔尖人才的培养，反而会扼杀那些具有创新潜力的孩子。

　　因此，好的教育应该是不断培养的过程，让每个孩子都能成为自己，成为更好的自己。在这个过程中，我们需要给予孩子足够的支持和鼓励，让孩子能够充分地发挥自己的潜力和才华。

　　参天大树自然是栋梁之材，但小草难道就没有价值吗？当然有。如果是一株奇花异草，那它的价值更是无法估量。人的价值是多种多样的，小有小的价值，大有大的价值。不能给人才设限，因为真正的人才是无法被定义的，只有自己才能定义自己。如果过早地给孩子下定义，很可能会影响他们的发展，甚至毁灭他们。这样的孩子将来会缺乏幸福感，也很难获得真正意义上的成功，即使他们在某些方面取得成绩，那也不是完整生命和心灵意义上的成功。真正的教育是生命教育，也是灵魂教育。

教育是一场生命的绽放

对话人物：
孙睿
采访者：于海朋

教育其实是生命的舒展和表达，我们应该鼓励孩子展现自我、自由成长，这样他们才能成长为自己应该有的样子。

于：如果让您给教育下一个定义，您会怎么定义？

孙：教育确实是个难以简单定义的概念。

笼统地说，教育是传授知识、培养才能、塑造人格的一种社会活动，是人类文化得以传承的主要途径。然而，作为一种复杂的社会现象，教育在理论界并没有一个被广泛认同的定义，不同的人对教育有不同的理解。从个人和社会的关系来看，教育可以理解为包含个体的社会化和社会的个体化两个方面的实践活动。

很多年以来，我们经常会讨论教育的意义到底是什么。包括前些天，在我们学校的教学工作会议上，大家也在讨论。西方教育理论认为教育应是"唤醒、点燃、激发"的过程，帮助每个人找到自身的价值。我个人比较认同这一观点。

在古希腊时期，学校更像是闲暇时大家聚在一起活动、提升精神境界的场所。自从有了孔子这样的教育家之后，学校开始承担起知识传承的重任。在这个过程中，教育激发了每一个人的个性，因材施教，让每一个人成长为自己应有的样子。

如今，教育不仅仅是传承人类的智慧文明，更是每个生命个体在人群中历练成长的过程。我们不禁思考每个人来到这个世界要做什么，要体验什么，他能获得的最高的人生体验是什么样的。其实，每个人都有自己的使命和追求，所以我们要体验生活，追求生命的幸福、价值和意义。

举个例子来说，有的学校过分追求创新，却忽视了给孩子提供全面的生命体验。他们过分强调学习，要求孩子努力成为学习最好的那一个，这给孩子带来了巨大的目标压力，导致很多孩子对学习这件事情产生了生理性不适，比如头痛、恶心、狂躁、抑郁等等。这些偏颇的做法都让教育偏离了轨道。

但是，要知道在中国古代，人们的生活丰富多彩，琴棋书画皆是追求精神之美。古人会把孩子放在大自然中，读书累了便漫步山林，游历水畔——当然，这并不是我们今天所说的旅游或研学。比如，李白游历了许多名山大川，写下了无数诗歌，这实际上是他寻找生命价值的过程。他到处拜访名人志士，这既是一种学习，也是一种自我养成。

所以，我理解的教育，它是一个让自我觉醒、实现生命价值和意义的过程。当一个人真正觉醒、内心变得丰富、对事物的感知也随之改变时，这种学习才算真正意义上的生命学习。

中国古代先贤的学习和成长经历为我们提供了很好的范例。古人十分注重让孩子体验生命的多样性，这与今天的心理学和教育学理论不谋而合。也就是说孩子需要融入群体、与同龄人交往，在这个过程中，无论是互相模仿、互相提醒还是互相指导，同学之间的伙伴关系都可能带来比老师更为重要的指导和影响。当然，这并不是说知识积累不重要，没有一定的知识积累，也很难达到更高的境界。

因此，教育应尊重孩子的成长规律。教育的基因里自带社会属性。到了一定的阶段，孩子就应该在学校——这一同龄人的社群中接受教育。虽然有些父母很有个性，按照自己的想法去教育孩子，但家长要明白教育的目的是什么。我们教育孩子是为了让他们入世，而不是出世。他们需要完整的学习和历练的过程，包括与同学玩耍、协作、竞争等，这些都是不同形态的成长。

教育其实是生命的舒展和表达，我们应该鼓励孩子去展现自我、自由成长，这样他们才能成长为自己应该有的样子。每个人承载着独特的使命、责任与担当，都是潜藏着光芒的个体。人一旦找到并认同了自己内在的价值，就会感到内心充实与满足，幸福感也会随之提升，创造力也会得到激发。从育人的角度来看，这便是人生追求的至高价值所在。

然而，大部分人可能找不到自己的光芒，甚至会被扭曲——本来你应该在某个领域闪耀光芒，结果却被安排在了其他领域，有的人可能从此一辈子都找不到自己的光芒。所以，人生的第一步是要找到自己。这个过程需要通过教育反复验证，让自己意识到自己最适合什么、最有兴趣的是什么、做起来最有意义的是什么。当你找到这些后，你就实现了人生的第一步——做自己。做好了自己就抵达了本源。这时，你再去研究如何做得更好。找到一个适合自己成长的路径，让自己在这个维度中愉悦地成长发展。当你做到一定程度后，你肯定还想再往上走，这时你就需要付出一些东西——为别人、为族群、为社会、为民族、为国家做出贡献，当你的个人命运融入大的命运共同体时，小我自动退行，大我的光芒充分闪耀。所以，当你真正找到自己的人生意义时，你的价值也就全部实现了。

于：孩子参加活动过多，是否对学习成绩造成影响？

孙：确实，参加活动多了在一定程度上是会对学习产生影响的。但具体会产生什么样的影响，却难以一概而论。

参加各种活动意味着孩子可能会减少用于读书、做题的时间，比如，少刷两套题、少读一本书。然而，这些活动也为孩子提供了宝贵的生命体验。或许在某个瞬间，孩子会因为某件事的经验而豁然开朗，这种感悟可能是单纯的书本学习难以给予的。这也是为什么我们强调"行知合一"，提倡通过实践来深化认知。

举个例子，我在学校每年都要组织学生去往外地研学。当我们带着孩子们来到贵州的大山深处，在研学途中与淳朴的农民交流，与瑶族、苗族等少数民族的人们接触，沉浸于山美、水美、生活美的自然美景与人间烟火，甚至是和当地人一段平常的对话……这些经历都可能成为孩子心中深刻的记忆。或许当时看不出明显的作用，但当未来的某个关键时刻——或许是遇到困难时，或许是人生的转折点，这些记忆和体验可能就会成为孩子的重要支撑。正因如此，我始终相信在这个过程中，我们的孩子会走向美好。

今年我带着学生们去了敦煌研学，途中专门观看了王潮歌的《又见敦煌》。我们的学生人数多，刚入场时，学生们有喧闹的现象，起初我担心会影响其他观众的观看体验。但随着灯光亮起，演员们从沙海中走出，学生们逐渐安静下来。随着剧情深入，他们开始思考"我"是谁。在演出过程中，有些学生变得沉重，甚至有人抽泣。当灯光再次亮起，有的学生满脸泪痕地走出剧场，那一刻，他找到了自己的生命体验。这种体验是课堂上的学习无法替代的，这种体验也是激发孩子学习动力和成长潜力的关键。

因此，我认为诸如此类的活动和实践虽然看似压缩了学习时间，但实际上它们是开启孩子学习内驱力的钥匙。一旦孩子的内驱力被激发，他们就会主动学习。所以，我们不必过于担心活动过多会影响学习成绩，反而应该看到这些活动对孩子成长的深远影响。

于：面对很调皮的孩子，应该如何去教育？

孙：这个问题不禁让我想起来陶行知先生的四块糖的故事。

这是教育史上的一段佳话。故事发生在陶行知担任育才小学校长时。他发现一名男生用泥块砸同学，便叫男生放学后来到校长室。然而，陶行知并未对其严厉批评，反而以四块糖作为奖励，分别肯定男生的守时、正义感、尊重他人以及知错能改的态度。这种教育方式既保护了男生的自尊心，又巧妙地引导他认识到自己的错误，并鼓励他主动改正。他通过这种充满爱与智慧的教育方式，让学生感受到尊重与信任，从而激发了学生自我成长的内在动力。其实，很多时候孩子违反纪律或者犯些小错误，并不是他们内心真正所追求的。这些行为可能是出于他们对世界的认知，或者是为了表现自己。不同的年龄段，孩子会有不同的表现自己的方式。关键在于我们能否理解他们，能否站在他的角度去看待问题、解决问题。

因此，教育家们常说，要像孩子一样去做教育，用孩子的眼光去看待世界。这的确很难做到，因为我们已经经历了太多的世事。历经世事后，你能理解孩子吗？你能看到孩子眼中的世界吗？肯定很难。但是，如果我们能够试着去理解孩子，去感受他们眼中的世界，那么我们的教育就会更加贴近孩子的内心，更加有效。

就如南怀瑾先生所言：以出世之心做入世之事。

于：学校如何做到因材施教？

孙：学校教育要因材施教，这一理念无疑是至关重要的。因材施教并不意味着个体化教育就是最佳选择，我认为孩子应该在群体中成长。目前，欧美国家通常将班级规模控制在20名学生左右，因为过大的班级规模会让老师很难照顾到每一位学生。而在小班环境中，老师能够在一堂课中关注到每一位学生，这就是小班教学的意义所在。

我们当前为什么难以实现这一点？主要原因在于教育资源不足，导致我们不得不采用大班制授课。但我认为，随着未来10年人口出生率的下降，学生数量将减少，我们或将迎来小班化的新周期，这将为因材施教创造更有利的条件。

那么，在当前的大班制授课的背景下，我们如何做到关注每一个孩子的生命体验和生命意义呢？这就需要我们在校内进行一些组织结构的变革。我们学校目前正在进行的是分层次教学，比如根据学生的学习能力进行分层，目前我们大致分了三层。为什么我们要进行这样的分呢？

首先，便于我们给孩子提供最适合他们的教学内容，这些内容是学生"跳起来能够得着"的。同时这种分层是动态的，如果学生在某段时间内提升到更高的水平，我们就会相应地调整他们的分层。这样，学生的学习能力会相对接近，老师布置的教学任务也会更加一致，大家的学习节奏也会更加协调。

然而，即使进行了分层，一个班仍然可能有50名学生，老师还是难以照顾到每一个学生。这时我们能想到的最好的办法就是再分组，让学生进行小组合作。将同类型或同水平的学生分到一个小组，比如将一个班分成七八个小组，每个小组六七个人。这样，老师的关注点就会聚焦到七八个小组，而不是五十个学生。在这些小组中，同学的水平相当、个性互补，老师可以更加关注每一个小组的情况。

实际上，我们一直在进行课堂教学改革，试图实现小组合作学习。小组合作学习的好处在于互相输出和相互学习。例如，日本学校的学习共同体模式就是让学生组成4~6人的学习小组，彼此互相学习。学习的最高境界就是进行输出和教授，如果你能够向小组的同学讲解你所学的知识，那么你就真正掌握了这些知识。

在我们学校，除了分层教学和小组合作，还有一些类似的改革实践。比如，我们实行一对一的帮扶制度，让学生互相帮助、共同提高。

此外，我们还需要转变课堂的教学模式。过去是以教为主的课堂，现在应该是以学为主的课堂。我们需要关注学生的反馈，了解他们是否真正掌握了所学的知识。而小组合作就是一个很好的方式，它可以让学生们动起来，同步实现输入和输出。

目前，我们国家也涌现出一些在教学改革方面颇有名气的学校。比如杜郎口中学，他们采用了三面黑板的教学模式，让学生展示和讲解。再比如昌乐二中，它所属的 271 教育集团也备受瞩目，他们的小组合作学习模式也取得了显著的成效。

这也让我们得出一个结论：只有培养学生的自主学习能力，才能在高考中取得好成绩。同时，小组合作学习也是验证学生学习效果的重要方式。只要老师关注到每一个学生，学生的整体成绩就能得到提升。

于：家庭教育是一种多对一的教育模式，家长如何做到因材施教？

孙：回顾中国基础教育的发展历程，我们发现国家越来越重视对家长的培养了。与其他职业相比，家长这个角色往往是"先上岗，后学习"，甚至不需要"持证上岗"。现在国家充分意识到家庭教育的重要性，因此特别重视家长自身素养的提升。比如，青岛市教育局就成立了"家庭教育处"，这个部门的成立就是以推动"家校社协同"为目的的，希望将正确的教育理念传递给家长。然而，这并不是一件容易的事情，需要一个长期的过程。

现在很多家长的认知依然停留在"孩子是我自己的"这个层面。他们认为自己养育了孩子，孩子就应该按照他们的意愿来成长。这种观念导致了很多家长做不到因材施教。对于这一点，我认为提高家长的认知非常关键。教育部门应该在这方面积极发挥作用，家长也应该主动去寻求学习和提升的途径。但是值得注意的是，仅仅靠多读书并不一定能帮助家长更好地教育孩子。特别是对于高知家庭而言，培养孩子可能更加具有挑战性。

那么，家庭教育的核心是什么呢？我认为，其核心在于真正关注孩子并尊重孩子。遗憾的是，很少有家长能真正做到尊重孩子，他们往往表现得过于强势，把孩子视为自己的附属品。但实际上，孩子是一个独立的个体，他们有自己的需求和想法。

这是家长常犯的一个错误。他们没有看到孩子的生命需求，没有把孩子当作一个独立的生命个体去认识。很多时候，家长甚至认为孩子什么都不懂，但实际上3岁的孩子就懂得很多事情了，只是有时候他们无法准确表达，或者表达的方式与成人不同。所以我认为，尊重是至关重要的，没有什么比尊重更有价值。只要家长尊重生命、尊重孩子的个体性，家庭教育通常不会太差。我们去观察那些具备成才潜力的孩子，他们在家庭中往往都受到了尊重。有些孩子在成长过程，父母从未动过他们一手指头，虽然有时也会呵斥他们，但绝不会打骂或惩罚。这样的家庭在现实中是存在的，虽然并非所有家庭都如此，但我认为，只要家长尊重孩子，营造出良好的家庭氛围，孩子的发展就一定不会太差。

家长们容易犯的另一个错误就是乐于攀比。实际上，孩子的成长有其自身的节奏和过程，就像各种花都有自己的花期一样。很多家长都明白这个道理，但在孩子成长的过程中，他们却缺乏耐心。

家长看到别人家的孩子在某件事上表现得好就着急，总是不自觉地拿自己的孩子跟别人比，总会一不留神说出"你看人家的孩子多棒，你怎么就不行？"这样的话很可能成为家庭矛盾的导火索，甚至对孩子造成严重的心理伤害。

有时候，这种攀比会无意间摧毁孩子的自信心和自尊心。一旦孩子失去了自信和尊严，他们可能会变得消极、沮丧，甚至可能走上歧路。

所以，我觉得攀比心理是家长需要特别警惕的。我也观察到，不少教师的孩子往往因为接触到太多优秀的同学，更容易成为这种攀比心理的受害者。

因此，我们家长和教育者都应该学会尊重每个孩子的独特性，理解他们的成长节奏，给予他们足够的耐心、鼓励和空间。

于：高中三年对于家长来说有什么特别要注意的吗？

孙：每一届新生入学，我都会给全体高一新生的家长们一个建议，那就是——要帮助孩子做好生涯规划。为什么要做好生涯规划？因为目前高中只有三年的时间，而高考既是选择学业之路，也是人生道路的抉择，所以站在高一入学的时间节点上，此时要做的规划，就是人生的规划。家长需要思考孩子将来要干什么。进入高中的孩子已经十五六岁，即将成人，作为家长，是时候应该思考这个问题了。

孩子适合干什么，将来要干什么，实际上这个规划是建立在家长充分认识自己孩子的前提下的。然而，在现实中往往很多家长疏于对孩子的认识。这也继续印证了前面我们探讨的话题，其实家长最应该做的是耐心地陪伴孩子、发现孩子、认识孩子。大部分家长对自己的孩子不够用心，认识也不清晰。孩子成长的过程中，家长会天然地认为自己的基因遗传到了孩子的身上，孩子长成什么样家长事先会很清楚。

可是，世界上并没有两片相同的树叶，即使两个人的相似程度可以达到99.9%，但只要存在0.1%的差异，就可能导致两个人呈现出完全不一样的表象。当你没有耐心认识自己的孩子、读不懂自己的孩子时，你为孩子的将来规划方向就要出问题。

大部分家长都是很强势的，家长能将孩子送到哪个国家读书、想让孩子选择什么专业，孩子就要去什么学校、学什么专业，这就是家长把自己的能力和喜好强加于孩子的择校和择业中。我本人就是学理科的，但实际上我的强项是文科，我所有的兴趣爱好也都是和文科相关的。当年诸如"你肯定是理科脑袋"的判断，不知道毁了多少学生，很多人是走过弯路之后重新回来的。所以，对于人生，规划很重要。为什么说它重要？因为要定目标，定方向。如果目标和方向不对，你越努力就越麻烦。因为在相反的方向上越努力，离成功就越远。那么，以高中三年的目标去规划整个人生又会显得局促。因为人生是广袤的，而三年的学业规划只能为孩子指明要考哪所大学。如果家长能在高一入学时就意识到这个问题，那孩子的成长肯定就很快，干什么事情都特别有"节奏感"。将目标和方向规划得清楚，效率就会特别高。

　　所以，我一般会跟家长强调要认真"研读"——包括研读社会发展的基本情况，以及认真研读自己的孩子——再做规划和判断。除此之外，家长还要做什么？那就是自我提升，配合老师和学校做好家校共育。学校教育有时会面临这样一个很有意思的现象：个别家长会认为校方过于"强势"，以至于自己的时间和精力都被学校给"牵扯"住了。实际上，家长如果过分干预孩子的学校生活，又缺乏充分的认知，一旦掉进自证的陷阱里，恐怕孩子要面对的就是学校和家长向着相反的方向"极限拉扯"，最终耽搁了孩子成长的宝贵时间，使孩子承受了糟糕的后果。

　　在我多年的教育生涯中，偶尔也会听到家长对某个老师有非议，仔细观察就会发现，他的孩子往往也会对老师充满意见。我一向认为，孩子到学校来就是读书求学的，是需要跟着老师向好向善的。结果，学生总对老师有意见，心有挂碍又如何做到一心向学？还有一种"极端案例"，就是个别家形成了一种基本认知——只要孩子出了问题，那孩子就一定是有问题的。这些都是认知出现了错位和割裂而引发的"偏见"。其实家校间最好的配合就是家长为孩子做好饭，我们老师负责教好书，相互不越界，不跨越彼此的角色，不干预彼此的职责，这对孩子只有好处没有坏处。

说白了，就是要给专业的人机会，让他们做专业的事。这让我想起发生在我办公室的一件事：有一位学生的父亲痛哭流涕地跟我说，大致是因为自己太忙顾不上孩子，导致孩子整体状态不佳。我对他说，要想照顾好孩子的状态，请先照顾好你自己。

我问他是否读过朱自清写他父亲的那篇名作《背影》。我建议他好好去读一读。在人生旅途中，家长给孩子留个背影，让孩子感受到父亲的背影很高大，这就已足够。这个'背影'意味着榜样，意味着社会担当家国责任，意味着要做一个顶天立地的男子汉，只有这样孩子才能向父亲学习。

这就是为什么家长一定要认识到自己的角色担当。当然，我们要为孩子提供丰富的人生体验，要让孩子见山见水见自己，观景观心观未来。人生体验多了，格局就大了。见多识广，认知也就丰富了。孩子能够自行自省，将来才能有大成就，正所谓"风起于青萍之末，浪成于微澜之间"。

于：您最想对家长说些什么？

孙：我们看到身边有这么一类家长，不遗余力，倾其所有，要让孩子成就非凡、超越自我、成为"人中龙凤"。有的时候确实可以看到在家长的严格要求下，教育出来了好孩子，但大部分时候难以得偿所愿。为什么会这样？我们也常常反思这个问题。

其实还是回到了那句话——要认清孩子。每个生命个体都不一样，家长并不知道孩子来到这个世界的使命、担当，就要将孩子打造成自己理想中的样子。如果家长规划的道路是"顺道"的，即家长制定的目标又恰恰是孩子的使命、责任、担当，这种情况成就孩子的概率自然很高；相反，如果是"逆行"的，即家长制定的目标和孩子的使命是背道而驰的，这必然会出问题。孩子身上有时会有一把看不见的锁，如果家长帮助孩子找对了努力的方向，就像开锁的时候钥匙插对了孔——找对地方，锁就开了。孩子带着使命来到家长的身边，但是家长的规划却没能让孩子到达应该去往的方向，这就像握着钥匙却打不开未来之门。心中所信，方能远行。做家长的首先一定要好好认识自己的孩子。让孩子找到自我，只有阅己才能做到越己，最后方可悦己、乐己。

现在的家长往往找不到孩子的自我，却偏偏被"别人眼中的好孩子""别人家的好孩子"一叶障目，在艳羡别人的过程中"放逐"了自己的孩子。有时"大音希声，大象无形"，即便父母生身，也很难认识到孩子是怀着什么样的天赋临世的。现实中，往往很多家长又不愿意去认识自己的孩子，这就更难了。成年人常说，一个人最大的本事就是认清自己。实际上，在家长教育孩子的问题上，也是如此。"合抱之木，生于毫末"，认清孩子才能找到孩子的灯塔。在尚未认清孩子前，不如顺其自然，释放孩子的天性。想让孩子仰望星空，就先为他铺实脚下要踏的大地。人的一生都在追渡——渡人，渡心，渡自己。家长多观内心见自己，多观孩子见其性，发现孩子的个性禀赋，支持他朝着这个方向去努力。家长要认清自己的孩子，尊重孩子本身的生命，别让自己的眼睛成为囚困孩子成长的牢笼。

正如尼采所说："没有可怕的深度，就没有美丽的水面。"家长应该静下心来深入地了解孩子，如果尚且做不到，那就静观其变。

于：在高中阶段，有哪些方面需要家长特别注意呢？

孙：迈入大学相当于半只脚踏入社会了。如此说来，高中就像一个预备阶段。在这个阶段，孩子需要为如何进入大学做准备，主要体现为知识的积累，因为大家要通过知识检测去考取一所理想的大学。

但在我看来，高中之所以被认为是三观形成的重要时期，是因为在这个阶段，孩子会与同学交流、与社会交往，并且会在这些交流中模拟社会环境和人际关系。在学校里，学生需要获得满足这些方面的社交体验。如果高中生活仅仅局限于知识的学习，而忽视了人际关系和社会各行业的体验，那将是"营养不良"的。这就是为什么现在"生涯规划"这门学问如此重要，各国的教育部门如今都十分重视对学生的生涯规划。如果高中阶段不进行生涯规划，未来在选择大学、学科及人生道路时，学生就会感到迷茫。生涯规划是从欧美国家引入的概念，它是高中这个年龄段的学生最需要的。那为什么要在高中阶段开展生涯规划呢？我认为，即使在初三就开展也是合适的，因为这个年龄的孩子已经相对比较成熟，能够做出自己的选择和判断。然而，我们现在的做法往往是根据分数一刀切，这是不合理的。因为这样做不尊重学生的个性，可能会泯灭很多孩子的天性。

其中的原因是什么呢？主要是因为在孩子还没有足够的时间和空间去展现自己、去探索和发现自我的时候，家长就过早地让他们做出了决定，或者对他们做出了过多的限制，这实际上阻断了他们未来寻找自我的道路。

孩子在成长过程中，需要经历各种尝试和探索，这是他们认识自己、了解自己的重要途径。然而，遗憾的是，当前的社会环境下，许多家长显得过于急躁，常常根据自己过往的经验，过早地为孩子设定成长的方向或目标。这种做法其实在无形中剥夺了孩子自我发现的机会。比如说，有的家长可能过早地要求孩子选择未来的职业道路，或者对孩子的学习成绩过于苛求，这些都会让孩子感到压力重重，无法自由地探索自己的兴趣和潜能。

这也是为什么家长经常诟病中考残酷、竞争激烈的原因。许多家长不惜一切代价地要孩子在中考中抢占先机，这也是他们不敢静待花开的一个重要原因。

我们再看欧美国家，他们的高中也是分为普通高中和职业高中，学生可以根据自己的能力和特点进行选择。比较灵活的一点是，学生在初二到高三期间有机会转校或转专业。

因此，高中阶段之所以重要，是因为它奠定了人生的基本底色。当一个人的价值观形成后，他的基本人格也就定型了。虽然之后可能会有一些变化，但基本的格局已经形成。所以，我认为在这个阶段，学生必须与人交往、与社会交往。我们的高中应该模拟很多的社会场景，让学生去体验、去碰撞、去探索。无论是带领学生外出体验，还是在学校教学中体验，都应该设计各种丰富的活动来实现这一目标。与此同时，学生要学会与同龄人交际，学习优秀孩子身上的品质，规避自己性格上的缺陷。

花开书页间

教育孩子或可有心而无为

对话人物：

熊辉

采访者：于海朋

我们不要急于给孩子指明方向或设定道路，而是让他们自己去探索、去发现。优秀的学生不是教出来的，而是自己成长起来的。

于：现在很多人都在提人生规划和目标规划，您怎么看这个问题？

熊：在中国，人们读书的目的通常可以归结为两大类：一类是为了将来能够妥善地处理人际关系，即"解决人"的问题；另一类则是为了解决实际事务，即"解决事"的问题。前者更多与文化相关，如政治、法律等领域；而后者则可能更多地侧重技术或实践层面，有时甚至可以完全不与其他人直接打交道。然而，在实际生活中，这两者往往相互交叉，难以截然分开。大多数人希望既能妥善地处理人际关系，又能有效地解决实际问题。

从学科角度来看，解决问题同样具有多样性。这些问题可能是社会科学领域，也可能是自然科学领域的；可能是解决实际问题的，也可能是探索人类幻想的。以数学为例，很多数学研究在初期看似只是解决一些抽象问题，短期内并没有实际应用，但是长远来看，它们可能会对世界产生深远的影响。黎曼几何[1]就是一个典型的例子，当时谁也不知道这个理论有什么用，但是50年后爱因斯坦却用它构建了相对论。这个例子表明，人们当前所做的事情可能看起来没什么用，

1.黎曼几何：1854年，由黎曼首先提出，故称"黎曼几何"。随着广义相对论的建立，它已成为微分几何的基础，也是微分方程、变分法、拓扑学等数学分支所需要的研究工具。

但或许很多年后，它能对整个世界产生颠覆性的影响。再比如，有些人热爱化学，他们致力于探索化学变化的奥秘；而有的人偏爱物理，可能醉心于建造桥梁或设计建筑等。这些都是与具体事物打交道的实例，也就是我前面所说的"解决事"的问题。

再来看"解决人"的问题，这其中往往涉及各种协调与沟通。我们在生活、工作或学习中遇到某个问题，而这个问题可能是由于各种人际关系的不协调产生的。这时，我们需要思考的是，是应该直接解决这个具体问题，还是深入探究并解决产生这个问题的根源？比如，在诸子百家中，墨家倾向于直接解决问题，儒家则更侧重于解决有问题的人，道家则往往从更宏观的角度思考问题并提出解决方案。值得一提的是，中国科技的发展在很大程度上受到了道教的启发和影响，尽管道教的一些高士可能并不直接从事科技研究，但他们的思想却为中国科技的发展提供了重要支撑。

回到大学专业的选择问题，理工类专业通常更注重解决实际问题，而社会科学类专业则更多地关注人与人之间的关系。当然，这种划分并非绝对。因为解决人的问题同样需要多种方法和手段，包括直接干预和间接影响。比如说，两个人遇到纠纷时，原始人可能就直接打一架了，那是最直接的解决纠纷和维权的方式。古代是允许这样的，但在现代社会是不行的，现在我们需要靠法律来解决纠纷和维权，这是解决人与人问题的一种有效的方式。

像制度、法律等表面上看起来都是处理事的，但实际上都是在规范人的行为、解决人与人之间的关系，是在"解决人"。在中国，一直以来，人们常说法律是约束小人的，君子不需要法律。但其实，我们每个人走在路上心里都有杆秤，知道什么事能做，什么事不能做。法律更像是一种底线，防止那些"刺头"做出出格的事。当然，法律也确实在维护社会秩序方面发挥了作用。因此，虽然法律以"解决人"为主，但也不能说它不"解决事"。

很多家长在教育孩子的问题上存在误区，他们自己还没弄清楚人生的方向，就一味地要求孩子要考"985工程"建设高校（以下简称"985"），甚至很多家长自己都不明白为什么要上"985"。考上一所好大学，只是一项阶段性的成果，并非人生的终极目标。大学四年匆匆而过，之后的人生道路还很长，又该怎么走呢？家长们往往认为，读了"985"就能有更好的工作选择，但这只是一种逻辑推导。如果孩子没有明确的职业规划，那么即使从"985"毕业，也可能只是在大城市找到一份与专业不匹配的工作，那四年的大学时光就有点儿浪费了。如果孩子们对自己的未来没有清晰的规划，即使得到了一份高薪的工作，当他们回首过去，发现自己所学的知识一无所用时，也未必会有成就感。

因此，我们需要先弄清楚孩子未来是倾向于解决事务性问题还是人际关系问题，也就是说倾向于"解决事"还是"解决人"。家长应当与孩子多沟通，让他们对自己的未来有更具体的规划，这样他们的焦虑感也会减轻，家长自己也会更轻松。

于：对于一个孩子来讲，如何才能知道"解决事"和"解决人"，到底哪个方向是适合他的？

熊：你需要花足够的时间与孩子聊天。我们常提醒家长这一点其实很重要。如果父母在孩子小时候没有与他们进行充分的交流，又怎么能理解他们希望自己成为什么样的人呢？你不能直接采取高压手段去强迫他们，更不能把家族的期望强加给他们。这样做只会给他们带来巨大的压力，使他们无法自由思考。自由思考对他们来说是非常重要的。

我与我的女儿的交流是这样的：关于她以后读什么专业的问题，我会以图书馆场景化阅读的提问来引导她自己做出选择。我跟她假设，通过学习，有些专业可以让你在图书馆里看懂一个小角落的书籍，而有些专业可以让你在任何一个楼层、任何一个书架拿起任意一本书都能看懂。我会问她，在图书馆里她希望自己成为什么样的人——是能够随意走动、能阅读各种类型书籍的人，还是只局限于自己熟悉的区域、对其他区域的书都不感兴趣的人。我们不应该直接告诉她，她应该成为什么样的人，而是要与她一起分析，让她自己去选择。

当女儿去到图书馆，她可能会到处走动，阅读各种书籍。然后，她下周可能会继续阅读更多类型的书籍。这样，她就有了自己的目标和方向。也许，她去了图书馆后，只想在角落里安静地阅读一些她感兴趣的书籍。她自己尝试过之后，就会觉得有些书的内容很好，符合自己的兴趣和性格。

有时候我觉得,教育并不是一种灌输的过程。灌输是很难的。我们应该让孩子自己去感受、去体验、去选择。我给女儿设定的目标是,只要她的单科成绩不低于80分,就不需要来找我谈学习问题。在这个时代,小学阶段单科成绩不低于80分其实是件不难做到的事情。只要不自暴自弃,考80分不难。因此,她不会在学业上有太大的压力。

这样的教育方式,既尊重了孩子的兴趣和选择,又给了他们足够的自由和空间去探索和成长。

于:那如果孩子成绩不是太好,你会焦虑吗?(编辑注:该部分问答内容较为敏感,仅代表作者个人观点)

熊:焦虑情绪在中产家庭[2]中尤为普遍。但实际上,"中产家庭"是一个相对模糊的概念,他们并没有实质性的财产,不像农民拥有可耕种的土地,因此他们随时可能陷入贫困。这种不确定性正是中产家庭焦虑的根源,他们担忧的并非仅仅关乎孩子的未来,更多的是担心自己无法为家庭提供坚实的后盾。

2.中产家庭:通常指的是收入稳定且处于社会中等水平的家庭。他们一般拥有一定的积蓄和资产,能过上相对舒适的生活。但具体标准因地区、国家、经济水平等因素而异。(笔者注)

相比之下，高产家庭的孩子即使未来遇到困难，也能找到体面的工作，生活无忧。而低产家庭的孩子，如果考试失利，还可以回家务工、务农。我小时候就是这种情况。因此，除中产家庭外的这两种家庭相对来说焦虑感较小。中产家庭的情况却不一样，他们很大的焦虑来源是无法为家庭和孩子提供坚实的保障。这种焦虑感导致他们产生一种观念，即如果自己没有成功，孩子也将一事无成。

这并非个体问题，很多问题是具有集体性特征的。这是因为我们往往倾向于将个人的问题过度放大，甚至将其视为普遍现象，这反映了我们文化中强烈的趋同心理。那么，面对这种情况，我们能做什么呢？

回顾历史，我们的祖先为了逃避压迫，曾寻找各种出路。《礼记》里讲述了一个关于孔子的故事——苛政猛于虎。孔子和他的弟子子路在泰山脚下遇到一位哭泣的妇女，询问得知她的丈夫和儿子都葬身虎口。当被问及为何不搬家时，妇女回答，这里没有苛政。东晋陶渊明笔下的桃花源，是一个能够逃避苛政、充满美好的世界。我们不是今天才觉得生活艰难，我国古人早就想寻找桃花源，以远离苦难的现实生活。

当然，我们不能寄希望于政府或某个机构来解决中产家庭的问题。这些问题只能由我们自己去面对和解决。当你真正放下这些问题时，它们就不再是问题。这说起来容易做起来难，因为中产家庭仍需面对孩子在学校的排名等现实压力。但至少你会知道，很多的问题不是这个时代才产生的，而是自古就有。通过了解这种历史和文化背景，或许能让你减轻一些焦虑感。

于：放下之后我们要做些什么？

熊：我们需要赋予孩子自主的表达权。我们要让孩子充分地去表达自己想要什么，清晰地阐述自己的观点和想法。在这个过程中，我们不是去插话打断，而是要耐心地倾听孩子的表达，不要因为他的话语稚嫩或可笑就轻视他。孩子的话语往往蕴含着他们真实的想法和感受，我们应该尊重并理解他们。通过他们的表达，我们可以逐渐了解他们是想成为解决问题的人，还是想成为更擅长与人打交道的人。

如果孩子喜欢尝试解决多种问题，那么这样的孩子可能更适合从事需要解决问题的工作；如果孩子总是想找别人聊天或寻求帮助，那么孩子可能更适合"解决人"相关的职业。当然，有些孩子可能两者都适合，既喜欢解决问题，又善于与人交往。

当我们了解了孩子的兴趣和倾向后，就可以引导孩子朝着更适合他们的方向发展。同时，我们也要引导孩子明确自己的喜好和选择。比如，如果孩子更喜欢在家里解决问题，而不喜欢出去和同学玩，我们可以尝试与他沟通，了解他的真实想法和原因。也许，孩子会告诉我们，他觉得和同学在一起并不好玩，而解决这些问题更有趣。这时，我们就可以加强孩子对解决问题的兴趣和能力的培养，让孩子更加明确自己的方向和优势。因此，家长需要花心思去听、去观察，而不要自以为是地去帮孩子设定。

同时，我们不应该期望上一代人能完全教好新一代人。历史的车轮滚滚向前，人类在不断进步，我们需要抛弃那种无条件认同长辈的做法，以客观的态度对待孩子。我们要认识到，孩子总有一天会超越我们，他们的知识和见识远超我们的想象。因此，我们不能自以为是地为他们设定人生道路，而应该多听、多看、多观察。

当孩子表达完自己的想法或做完某件事情后，我们可以做一个总结，问问孩子我们的理解是否正确。我们要知道，其实跟人打交道也是一门很重要的学问。他喜欢和同学出去玩，我们可以了解他是如何与同学相处的，在相处过程中有没有吃亏、心情好不好。我们不应该过分地对孩子进行道德评价，比如教育孩子要大方、要和同学团结一类的，而是应该让孩子自由发展，认识到自己需要改进的地方。比如，如果他觉得自己在同学面前表现得小气，我们可以适当给孩子增加零用钱，引导孩子学会大方得体地与人交往。最终，我们的目标是引导孩子与志同道合的人在一起时能够聊一些有意义的话题，做一些有意义的事情。

有些孩子喜欢在家里独自做作业，而有些孩子则更喜欢与同学一起做作业。后者与他人在一起时才能做事，没有人就难以集中注意力。我们需要理解孩子的注意力类型，是分散的还是集中的，是视觉型的还是听觉型的。对于教育孩子这件事，我认为最好的方式就是认真观察和倾听，只做分析，不做说教。做到这些，我们才能理解孩子的心理特质，更好地引导孩子成长。

　　有时候，我聊家庭教育会结合自己的例子。其实我想说的是，前面讲的那些家庭教育理念，你听听就好，关键还是得明白自家的家庭文化，并想想怎么将它跟社会文化融合，这样生活才能更舒心。你得接受孩子长大可能就是一个普通人。你自己也是普通人，何必对孩子有过高的期望呢？别听那些专家总是说什么少年早立志，"吾十有五而志于学"[3]，你看，孔子15岁才开始认真学习。

3. "吾十有五而志于学"语出《论语·为政篇》。子曰："吾十有五而志于学，三十而立，四十而不惑，五十而知天命，六十而耳顺，七十而从心所欲，不逾矩。"

　　最后，我要说的是，教育孩子是一个永无止境的过程。我们永远无法完全学会如何教育孩子，因为孩子总是在不断成长和变化。因此，最好的方式就是多听、多看、多观察孩子，然后陪他们一起分析、讨论。我们不要急于给孩子指明方向或设定道路，而是让他们自己去探索、去发现。优秀的学生不是教出来的，而是自己成长起来的。

于：家庭里面有爷爷奶奶、爸爸妈妈等不同角色，您觉得在孩子教育上，如何平衡这些角色的关系？

熊：在大家庭中，家庭教育保持一致确实是个挑战，特别是涉及两代人的时候。中国传统文化中的五行相生相克理论能很好地解释这一点。想象一下，如果祖辈是火，孙辈是金，火克金，直接就是压制的关系。但如果中间加了一代，比如五行属土的这一代人，情况就完全不同了：火生土，土生金，这样循环相生，就避免了直接的克制。

与大家分享这个文化概念，主要是想告诉大家，在实际操作中，如果你觉得直接管孩子管不好，不妨找个中间人来担任缓冲者的角色。比如父子之间有冲突，做妈妈的就要在中间调和，做父子关系的缓冲者。妈妈要跟孩子解释被爸爸批评的原因，试着让孩子理解父亲的行为。妈妈不能让父子俩互相猜忌，需要做亲子关系的润滑剂，让父子关系更和谐。

这种平衡关系就是我们的文化决定的。我们需要缓冲者，但有时候缓冲者这个人找的不对，也会带来问题。这个缓冲者要合适，要能够承上启下。还是上面提到的例子，如果调和祖辈和孙辈的这个缓冲者五行属木，结果就是木生火，金克木。缓冲者在中间两边消耗，最终问题不但没有解决，反而会把情况搞得更糟糕。这就是有些妈妈两边都不讨好的原因。因此，面对这样的问题，我们要调整缓冲者，把缓冲者的五行属性从木调整到土。

但是，改变一个人很难，问题总是无穷无尽的。有时候，暂时"忽视"问题就是很好的解决方式。容忍一下，时间一长，问题自然就消失了。这就是我们说的"无为而治"。不是不作为，而是先退出纠纷圈，放一放，等大家都冷静下来再沟通，效果会出乎意料。

在家庭生活中，需要有一个主导者来引领方向，其他人则配合做好各自的分工。比如，当我和父母同住时，我会明确告诉他们，如果我女儿在幼儿园遇到任何问题，他们不要直接教她如何应对，而是引导她来找我商量。这样，当我跟女儿沟通时，女儿会感觉这是全家一致的决定。如果家里各个成员各自给她不同的建议，孩子会感到非常困惑，反而不懂得该如何去做了。

主导者在家中必须能承担责任。以我们家为例，这要求我有足够的能力和信心，让父母相信我能够给出更好的指导。如果你还不够强大，无法让家人信服，那么你可以像老子所说的那样，保持"上善若水"的态度，放低姿态，告诉家人："你们少生气，让我去跟孩子沟通。不是因为你们做得不好，而是我希望你们的心情可以更好，所以才选择主动去解决问题。我有时间会去跟孩子慢慢地说。"总之，家中需要有一个确定性的、统一的口径。

我在处理女儿的问题时，不会直接告诉她该怎么做。比如，她在学校被同学欺负了，我会先问她想怎么办，如果她觉得没事，那就算了。但是，如果她被打得很痛，想要我来帮她解决，那我会考虑跟老师反映一下。问题的处理方法完全是按照她的意愿来的，她以后会更愿意跟我分享一些事情。

然而，很多家长并不是这样做的。我见过很多家长，孩子一犯错就打。这样孩子怎么敢再跟家长沟通呢？上一代人盲目地教育下一代人，下一代人就很难摆脱上一代人的理念，最终可能导致一代不如一代。

因此，我们总结了两点：一是全家统一口径很重要；二是如果有冲突，找一个缓冲者。我认为，只要做好这两点，家庭基本上就不会有矛盾。因为一旦产生矛盾，双方都会知道可以等待缓冲者来调解。比如，父子吵架时，他们都会等着妈妈回来解决。妈妈回来后，父子也知道不能再吵了。我觉得，只要家长明白了这两点，就可以马上进行实操，很多问题就可以迎刃而解。这种解决问题的能力跟读了多少书、修了什么专业没关系。

于：您觉得对于家庭教育来说，有标准的方法吗？

熊：每个人都局限于自己的生活圈子，往往认为自己的观点才是有道理的，这很正常。只有当我们跳出自己的圈子，站在不同的社会阶层去看待问题时，才会有不同的理解。其实，问题并没有绝对的标准答案，因为人的立场和背景是不同的。

在教育孩子方面，有时我们可能会觉得适合自己的才是最好的，但如何找到真正适合自己的方式却是个难题。我觉得，最简单的方法还是多听、多看，了解更多的信息和观点，才能判断什么是最适合孩子的。如果我们一开始就固执己见，不去倾听和学习，那么孩子又怎能找到适合自己的成长道路呢？

高压政策或许能培养出成绩优秀的孩子，但我认为这样的教育方式会让孩子长大后想要逃离家庭，甚至与你断绝关系。如果你想让孩子长大后还能与你快乐地相处，就应该平等地对待他们。

其实，要让小孩子听话并不难，关键在于我们要多听多看，理解他们的想法和需求，顺着他们的思路去引导，他们就会愿意听从我们的建议。

此外，我认为一本书的价值不仅仅在于解决问题，因为问题是无穷无尽的。更重要的是，我们要通过书籍去探讨那些由文化共性引发的问题，并给出普适性的解决方案。这样的方案能够降低人们的焦虑，让大家更容易接受孩子的平凡。这并不是说我们要放弃对孩子的期望和要求，而是要在了解孩子的基础上，给予他们适合的教育方式和成长环境。

比如在家庭生活中，婆媳矛盾是很常见的。这种矛盾往往和双方的生活习惯、价值观等方面的差异有关。面对问题，我们不能推卸责任，而应该主动地寻求解决问题的方法。在这个过程中，理解和包容非常重要。我们需要站在对方的角度去思考问题，尊重彼此的差异，并努力找到一个双方都能接受的解决方案。这样的方案能够降低人们的焦虑，让我们在面对家庭矛盾时更加从容和自信。

《易经》云："天行健，君子以自强不息；地势坤，君子以厚德载物。"这句话告诉我们，作为君子，我们应该不断自我提升，同时也要具备厚德载物的品质。在家庭关系中，这种品质尤为重要。我们需要以开放的心态去接受孩子的平凡，以包容和宽恕去化解家庭矛盾，共同营造和谐美满的家庭氛围。

教育其实是请孩子当老师

对话人物：

秦启庚

采访者：于海朋

理论与实践的关系必须是——理论要落地，
实践要生根。

于：对于孩子的学业问题，现在有很多家长比较焦虑，您怎么看？

秦：家长往往过度关注孩子的学习结果，这个"结果"通常指分数，或更宽泛地说，指学习能力。然而，这种对考试分数的过分重视，可能导致一个人在成长和学习过程中，最根本、最有价值的能力要素——元认知被忽视。

如果说学校教育主要是提升学生的认知能力——且不说这一能力已异化为应试能力——那么对于学生的一生发展而言，其作用是有限的。因为仅仅依赖有限的认知能力，学生很难成长为能造福人类的科学家。相反，有些甚至可能成为书生气十足而无实际能力的"知识分子"。那么，学校教育真正的价值何在呢？我认为，这个价值应该在于开发学生将学习中获得的认知能力转换成元认知的能力。

很多"天才"孩子能够赢得奥数金牌的荣誉，但为什么不能成为真正的科学家，甚至后来泯然众人。原因在于他们缺乏提升元认知能力的教育。什么叫元认知？简而言之，元认知就是指人对自己认知过程的一种认知。

当然，元认知应该是源于认知而又高于认知的认知理论，而实践是另一个概念。我们现在要讨论的是元认知和实践的关系问题：没有理论支撑和指导的实践经验，是难有突破和创新的；同时，不能得到实践验证的认知是不正确的认知，更无法上升到元认知的水平，实践是检验元认知理论的唯一标准。因此，理论与实践相辅相成，缺一不可。

以我们指导华东师范大学科教仪器厂生产中小学认知训练仪器为例，有位博士生曾向我提问：通过参与认知训练仪器的训练，学生的学习成绩能有效提高，但到一定程度后，学生的进步变得缓慢甚至停止了，有的还会出现下降的情况，整体发展趋势呈波浪形。这时，仪器是否还有价值？

我的回答是，当认知能力发展放缓、进入高原期时，元认知水平会得到提升。比如，刘国梁先生，如果单看竞技状态，那他有可能打不过现役的高水平乒乓球运动员，但他对乒乓球专业的认知能力和实践经验加上其特有的悟性，使他能够发现、解决和矫正这些现役高水平运动员的问题。这就是刘国梁高超的元认知能力。这正是从丰富的实践经验中提取出元认知理论，并将此理论用以指导技能水平高而元认知能力有待提升的运动员。

元认知包括元认知知识、元认知情感、元认知监控，最终会体现在不同的人格特质上。一旦理解了这一点，许多问题就能迎刃而解。例如，刘翔能破世界纪录，他的师傅却无法做到，但师傅可以分析刘翔的动作，指出他需要改进的地方，这也是元认知的体现。如果说认知能力的高低决定智商的水平，那么元认知能力则是形成智慧的钥匙。

因此，任何训练仪器在使用到一定程度后，可能无法再提高成绩，但学生可以通过元认知对自己的成绩进行分析，了解自身的长短优劣，从而在求知方面取得更多成果。优秀的教练通常有先前做过运动员的经验，他们不仅有认知水平，也具备元认知能力。元认知是决定人一生成就的根本认知，也是当今应试教育存在的巨大遗憾。

在家庭教育中，对于孩子的评价，家长应该建立这样的认识：要学会看孩子能否提升到元认知水平，并用这种认知来指导未来的实践。无论你现在是看书、听讲座还是学习其他知识，都可能觉得一团乱麻。但元认知就像一根清晰的线，能帮你理清这些纷乱的信息，找到真正有用的东西。

学习心理学的优点在于，它对一个人的起点没有要求，重点需要人有悟性。但是，缺点也在于此，因为没有门槛，所以鱼龙混杂。

于：对于家庭教育，心理学在此领域的理论研究有很多，但家长更关心的是如何去实践。您怎么看待这个问题？

秦：心理学原本属于哲学范畴，主要是对一些道理和观念的阐述。然而，对于大多数人而言，纯粹通过口头讲解的哲学可能较难理解。因此，心理学需要走实践的道路，将理论应用于实践。

在实践过程中，为了提高包括家庭教育在内的心理学研究的科学性，德国心理学家冯特教授于1879年在莱比锡大学建立了世界上第一个心理学实验室，运用自然科学的方法来研究人的心理品质的发生和发展，并建立可量化的指标。从此，心理学成为一门具有自然科学属性的学科。这也是教科书所说的"心理学是一门年轻学科"的由来。

100多年来，心理学飞速发展，形成了行为主义学派、精神分析学派、认知学派、人本主义学派等心理学流派。如今，心理学已经发展成为一门综合性的学科，各种流派和理论相互融合。最终，这些流派汇聚成现代认知心理学。

要成为一名心理学家，打下坚实的基础，必须精研两门学科：一门是认知心理学，另一门是实验心理学。此外，现代心理学家还需要掌握心理统计学的相关知识，虽然计算机可以辅助处理数据，但理解统计学原理仍然是必要的。这两门学科的知识需要内化于心、了然于胸、付诸实践，形成个人的认知体系，并进一步提升到元认知层面的水平，用元认知来思考并解决实际问题，这样才能真正成为一名心理学家。

现在，脑科学、生理学与心理学的结合研究日益增多。一些心理学专业机构还引进了眼动测试、核磁共振等手段，以研究和分析大脑的活动过程。这进一步促进了心理学与生理学、物理、化学等学科的融合和跨学科研究。

因此，心理学是一门跨学科较多的学科。几乎每一门学科都可以与心理学相结合，形成新的研究领域。例如，计算机心理学可以称为"信息心理学"，广告学可以与心理学结合形成广告心理学，家庭教育与心理学的结合就是家庭教育心理学（或可细分为教育心理学和发展心理学）。无论研究哪个学科，研究对象都会涉及人与人的关系或人与物的关系。从这一点来看，"心理学是当今社会的领头羊学科"，此言不虚。

于：在家里，如何提高孩子的元认知能力？

秦：现在，计算机技术高度发达，其实我们可以在电脑上找到多种训练软件，如注意力训练、记忆训练、认知风格辨别等方面的软件。

我曾经听过关于如何提高学生注意力的讲座，也试着用了用其中讲述的方法。但效果怎么样，我心里没有底。不过，现在好了，网上这些训练资源特别多，训练过程还会有记录，效果就很清晰。这其实是我在华东师范大学参与研发的那套训练仪器后续的一种发展。毕竟，我们不能捧着实体仪器到处走，这类电脑软件的应用既方便又增加了趣味性，能更好地激发孩子的好奇心。

当然，我们在使用这些软件的时候，也需要了解其底层逻辑和背后蕴含的心理学原理和思想。这些软件的科学性是经过实验验证的。比如，我们要对孩子进行注意力训练或者发现孩子在记忆方面有困难时，就可以通过记忆训练方面的软件来帮助他们。我的学生曾经用这套仪器做了这样的实验：选定高二某班的学生为训练组，对他们进行了为期20多天的记忆能力的训练，其他班级的学生划为未训练组，这些学生没有进行类似的训练。在随后的单元考试中，训练组学生的成绩有了明显的提高，训练组与未训练组的成绩差异明显。这说明训练确实起到了一定作用，但记忆是需要不断巩固的，只有经过反复训练，才能在大脑中形成牢固的记忆编码。

因此，这些训练软件或训练工具是很有价值的。它们不仅方便、实用，而且背后有一套科学的理论和方法作为支撑。它们就像桥梁一样，连接着理论和实践，让我们能够更好地理解和应用心理学。

于：对于一名普通的家长来说，遇到教育问题应该怎么办？

秦：教育真的是"教有法而无定法"。我分享的东西听起来可能很有趣，也容易让人产生学习的冲动，但真正要学到精髓，不容易。这是为什么？

如果孩子身上发生了某一事件，你没有意识到这是个良好的教育时机，那教育的绝佳时间就与你擦肩而过了。当面对类似的情况，我可能已经捕捉到其中有价值的教育信息，并把它视为一个有意义的教育契机。作为家长，如果你没有意识到这一点，说明你还缺乏教育的智慧。即便你拥有深厚的心理学背景以及捕捉教育时机的能力，你所努力学习的知识也并未转化为你头脑中随时可调用的知识，即尚未上升为能够解决相应问题的元认知能力。也许你已经非常积极地参加了各种各样家庭教育类的培训学习，并且获得了各类资格证书，但当家庭中出现问题时，你依然会感到无能为力。这是为什么呢？我只能遗憾地说，你缺少理论学习和实践应用的智慧。真正的学习是不断将学知识转化为元认知的过程。这也是从理论到实践的上升过程，是一个潜移默化、不断觉悟的过程。教育无处不在，时机稍纵即逝。

举个例子，过马路时要做到"红灯停，绿灯行"，这是人人都能懂的社会规则。在全国各地讲课时，无论是面向家长的讲座还是面向教师讲座，我都曾在课堂上做过有趣的调查：我请参会者回顾一下，从有清晰记忆开始到现在，从未闯过红灯的请举手。结果很遗憾，没有人举手。

大家都知道，闯红灯其实是一个错误的认知和行为，但一旦这种行为带来了快乐，那么为了这份快乐，人们往往会重复这种错误的行为。随着时间的推移，这种行为就会成为习惯，不再需要思考就会去做。这就是"习惯成自然"。放到教育上，将孩子的第一颗"扣子"系好，就显得极为重要。

我是怎么改掉这个不良习惯的呢？心理学上叫作"去习惯化"。这看起来很容易，但实际上十分艰难，因为这是经无数次重复而固化了的行为习惯所形成的潜意识。我的去习惯化的目的，首先是为了不让我的第三代人身上出现第一次不遵守交通规则的行为，从而养成良好的行为习惯；其次是为了改造自己，做好教师和心理学家的表率。在具体实践中，每次陪同小外孙一起过马路时，我都会对孩子说："宝贝，你是外公的老师，请你监督着我过马路，我以前犯过很多次错误，现在你在我身边，我就请你来监督我。"从他上幼儿园开始，我就一直称他为我的老师。有一次，我们经过一个大马路，当大家都停在中间等待时，对面的红灯正在变绿，城管过来招呼大家过去。他跑过来对我说："老先生，你也可以过去了。"但我回头指着自行车后面的外孙对城管说："我的老师说不可以走。"城管听后立刻对小家伙竖起了大拇指，说："小朋友真好！"虽然孩子可能不完全明白，但他心里肯定产生了成就感。这种成就感一旦带来快乐，就会使行为逐渐被强化，越来越有成就感，最终成为习惯。我听说，他读初中时，他同班同学的家长多次在早晨遛狗时看到他在学校旁边等绿灯，而很多人直接过去了。为检验孩子是否已养成遵守交通规则的习惯，我抓住一切机会教育他。当我们祖孙两人骑车过一处红绿灯时，绿灯闪跳红灯，所有行人抢着快步通过，唯我俩停下不走，我抓住这稍纵即逝的时机问外孙："宝贝，看到那么多人闯红灯也没事，你有没有也想奔过去的冲动？"小外孙不假思索回答："没有。"我说："我有，但有你这位榜样的老师在身旁监督和示范，我又打消了这个念头。我要向你学习。"随后，我不失时机地讲了心理学相关的行为习惯养成的理论。

人生的错误往往源于第一次尝试时获得的快乐。这个观点，我既能从理论上阐述，也能通过实践经验来验证。但关键在于，你是否能真正付诸实践。

我经常举的一个例子是，当孩子刚开始蹒跚学步时，如果不小心被凳子绊倒，通常会大哭起来。这时候，大多数家长会立刻冲上前去扶起孩子，甚至有些家长会去打那个"肇事"的凳子。然而，西方的教育理念并非如此，我们在实际中也可以借鉴。在我的家庭中，我就是这样做的。尽管我的太太、女儿和女婿都希望能立刻去扶起孩子，但我会制止他们。因为我在家庭中扮演着权威角色，所以全家人都听从我的教育建议。他们只能在一旁看了一会儿，随后离开。

孩子会越哭越伤心，但我会告诉他们，喉咙哭哑了也没关系，明天就会好起来的。哭泣其实是在锻炼肺活量，不会有什么害处。你们不需要担心，就让他哭吧。渐渐地，他的哭声会减弱，因为他意识到求助无望。这时，他的大脑会开始思考，尝试自己站起来。当他终于自己站起来时，我会立刻叫大家过来看，并给予他鼓励和表扬。这时，他之前的痛苦已经被成就感所替代。之后，每次摔倒时，他的哭声越来越小，时间越来越短，爬起来的速度也越来越快。这就是一个良好行为习惯的养成过程。

然而，现在晚婚、少子的现象日趋严重，在这种情况下，孩子往往被家长过度保护。家长不仅不让孩子摔跤，还会找各种理由去为其开脱，责怪物品或他人。这至少说明了一个问题：当孩子已经具备自主完成某个行为的能力时，家长越俎代庖的行为不仅无益，反而有害。孩子自主能力的发展会因为家长的宠溺被延缓，甚至受阻。良好心理品质的发展也会因此被延宕。这个延宕会导致后续更多问题的出现，并形成累积效应，从而影响孩子的后继发展。

也就是说，前一个阶段的问题如果没有得到妥善解决，就会延宕到后一个阶段，并直接影响后一个阶段心理品质的健康发展。随着时间的推移，这些问题会不断累积，最终导致孩子的问题越来越大，直至积重难返。每个孩子出生时差不多都是一张白纸，但环境对他们的成长起着至关重要的作用，其中第一个环境就是家庭环境。也许我的讲述可能让你听得津津有味，但真正要将这些理念付诸实践却并非易事。路漫漫其修远兮，家长们必须不懈努力！

于：还有人说，如果孩子摔倒了家长不扶他起来的话，孩子就会从小缺乏安全感？

秦：这明显过于担忧了。如果从这种角度考虑，那孩子每吃一口饭、每走一步路都有潜在的危险，难道我们要因噎废食，让孩子永远不走路、不吃饭吗？这显然是无稽之谈。

人的发展本身就存在朝着积极和消极两个方向的可能性。如果你总是往消极方面去想，并且将这种想法付诸行动，那么孩子就更容易朝着消极的方向去发展。孩子在刚开始的时候，就像一张白纸，最终会分化成什么样子，在很大程度上取决于家长的引导。当然，其中也有遗传基因的影响，但社会差异的影响相对较小，大部分孩子在出生的时候，都处于一种相似的混沌状态。在分化的过程中，孩子会往哪个方向发展在很大程度上取决于家长的引导和教育。

就像小鸭子从蛋里孵出来之后，如果我们总是对它进行过度的保护，不让它与其他大鸭子进行交往，那么关键期过后，小鸭子就不会再认自己的同类了，而是会跟着人类走。这从侧面可以说明关键期教育对孩子后期发展的影响。心理学家用鸭子做实验发现，初始的交往会产生特定的行为模式。因此，对于你所担心的孩子因为摔倒没被扶起来就可能会缺乏安全感这件事，其实是多虑了。

　　人生下来就像一片荒芜的道路，你不断去走、去踩踏，就会踩出一条通向阳光的道路。但是，如果你不愿意去踩踏，那么这条道路就会杂草丛生，最后就会通向阴暗。因此，事在人为，你自己要去努力。当然，这里的前提是孩子出生时没有像唐氏综合征之类的严重生理缺陷。

　　过度的担忧往往会导致错误的溺爱。你总是担心孩子，最后的结果就是他会变得没有责任感、没有自主性。这是由于你对孩子的溺爱造成的。等到你后悔了，就已经来不及了。反过来，孩子长大后可能会怨恨你，认为是你把他变成了现在这样。

　　孩子的问题，绝大多数与家长错误的教育方式有关。那么，如何去克服家长的错误呢？你想通过听一场讲座、读一本书就学到它的精髓，那希望可能不大。因为这些问题已经成为一种无意识、潜在的东西，或者叫内隐的认知，是自动化的、随时可能出现的。因此，孩子的教育要抓时机，时机随时可能出现，稍纵即逝。

　　例如，我家小孩5岁那年，有一次家里来了亲戚。亲戚是忙完工作之后过来的，我们当时都已经吃过饭了，就给亲戚单独准备了饭。等亲戚吃完之后，桌上就剩下一个碗、一个碟子、一个调羹和一双筷子，亲戚想要拿到厨房去洗。我当时正在谈事情，正在生病的太太就从房间里面出来，想要洗这些餐具。在我太太和亲戚拉扯的过程中，我家小孩主动提出他来洗。一般家长可能会担心他摔坏餐具或者洗不干净，但因为受到我的影响，我太太就表示让小朋友来洗。结果，他洗得很开心。虽然孩子洗得不干净，但是我们还是对他进行了大力的表扬。他从此以后做家务就很自觉，也很有成就感。

孩子在两三岁的时候，就已经开始为养成各种习惯奠定基础了，而且这些习惯一旦形成，对个人的长远发展会产生深远的影响。当我的外孙还在读幼儿园大班时，发生了一件小事。

那天，我偶遇一位高中同班同学。我们坐下来聊天，话题自然而然地转到了孩子的教育上。同学提出了一个关于教育孩子的困惑。这时，我那尚年幼——虚岁不到6岁的外孙，突然跑过来，轻轻地拍了拍我同学的大腿，奶声奶气地说："外公，我打断一下，我想说一说我的看法，可以吗？"

我同学对孩子的这个举动感到十分惊讶，但还是微笑着点了点头。接着，孩子用他那稚嫩的声音，表达了自己对教育的看法，虽然逻辑上可能还显得有些稚嫩，但他的礼貌和尊重却让我们都印象深刻。他懂得在打断别人说话前，先礼貌地征求对方的同意。

这件事让我深刻体会到，教育真的是潜移默化的过程。而要想实现这一点，就需要家长善于抓住教育时机。在孩子的成长过程中，每天都有无数的时机等着我们去发现和利用。如果我们抓住了这些时机，积极地引导和教育孩子，那么孩子就有可能成长为优秀的人。反之，如果我们忽视了这些时机，那么不良的行为和习惯就有可能乘虚而入，影响孩子的成长。

因此，作为家长和教育者，我们应该时刻保持警觉，敏锐地捕捉每一个教育时机。要知道，一旦错过了最佳时机，再想纠正孩子的错误行为，就需要付出更多的努力，甚至可能事倍功半。因此，让我们珍惜每一个与孩子相处的瞬间，用心引导他们成长，为他们的未来打下坚实的基础。

于：您有什么家庭教育相关的代表性案例可以分享给我们吗？

秦：我可以分享一个颇具代表性的案例，以此来说明在家庭教育中家长对孩子宠溺、容忍可能带来的严重后果。

当年，我在一所高中担任心理顾问，专门接受学生、老师和家长的咨询。有一天，我正准备离开时，一位满头大汗的家长急匆匆地赶来，焦急地请求我帮助他。他说，如果今天不能解决这个问题，他就没法回家了。

原来，他的儿子在早晨上学前告诉他，今天是上学的最后一天，从明天开始就不上学了。这位家长害怕回家后无法面对儿子的这个决定，因此选择了逃避，找借口离开了家。

在咨询过程中，我问了关于他平时教育孩子的方式，但他没办法给出明确的回答，也不能解释孩子这种任性的性格是如何形成的。他分享说，有一次孩子让他买笔记本电脑，当年一台笔记本电脑价值2万，儿子坚持要父亲买,而且必须当天就要买回来,父亲没办法只能照办了。我接着问,买了电脑后,有没有和儿子讨论过怎么平衡玩电脑和学习之间的关系,他的回答是"我哪里敢问"。

从这位家长的描述中,我了解到他的家庭生活中,儿子处于说一不二的地位。在进一步的询问中了解到,这位已上高中的孩子早晨起床、穿衣、洗漱、吃饭都由父母包办,甚至父亲还要开着摩托车送他到公交车站。学校里的饭菜他从来不吃,而是在校外买些不健康的食物。

面对这样一个说一不二的儿子,他们感到束手无策,可出差逃避并不是解决问题的办法。这个案例深刻地揭示了家长在教育孩子时,如果过度容忍、缺乏原则最终可能会导致孩子形成任性、不负责任的性格,给家庭环境带来严重的困扰。根据他的描述,我了解了孩子的成长环境,并分析出孩子的个性特征,判断孩子这种说一不二的蛮横不是经过深思熟虑的行为,而是随心所欲的任性。随后,我对这位父亲在家庭教育中所犯的错误进行了严厉批评,针对孩子不打算去上学的问题,给出五个"锦囊妙计"。我让这对夫妇在吃饭的时候,一如既往、轻轻松松地对孩子说出来。

第一个锦囊,可以在孩子开心吃饭的时候,笑着对他说:"我们夫妻两个人商量以后,一致同意你退学。"这时候,孩子心里可能会暗自高兴,觉得他的任性又得逞了。

第二个锦囊,紧接着,向孩子询问:"那你退下来后打算干什么呢?你的同学还在读高二,还有两年的高中生活,以后还有大学要读。

你这两年准备做些什么呢？"这样的年龄的孩子通常能说会道，但往往做不到。面对这个问题，他可能会煞有介事地回答得很流利。

第三个锦囊，对孩子说："请你把你刚才说的这些计划写下来，并以书面形式制定一份这两年的计划书，包括工作、学习和做任何事情的计划。"此时，孩子可能会不以为然，欣然允诺。

第四个锦囊，接着说："我们作为你的父母，是你的监护人，所以你写完计划书后上床睡觉。但是，我们必须为你负责，对你这份计划书予以论证。你写到什么时候，我们就陪你到什么时候。"这时的孩子还不知道自己将无法应对这个要求，会依旧若无其事地答应。

第五个锦囊，对孩子说："如果论证后觉得计划可行，不劳大驾，我们帮你去办退学手续。"孩子听到这里可能会很开心，觉得一切都很顺利，于是回答"行"。

结果，第二天早晨，这位父亲告诉我孩子乖乖地去上学了。后来我在学校碰到他时，他还很有礼貌地跟我打招呼，看起来很开心。这个孩子其实数学很好，之后再也没提过退学的事情。

那你想想看，在这五个锦囊中，哪一个是让孩子在不知不觉中乖乖就范的最重要的一个？显然就是"你要做一份计划书"这个锦囊。如果孩子真的经过大脑思考后决定退学，那他一定有一份详细的计划。但是，他做不出来这样的计划，因为他只是任性而已。你要求他制定计划并必须有父母予以论证这一环节，是他不可能完成的，而在不可能完成的过程中，孩子慢慢意识到自己的任性是无法得逞的，最后会因熬不住而败下阵来。

因此，在教育孩子方面，无论是潜移默化还是抓住时机，家长最终都要靠自身的智慧。孩子有100个问题，父母就要有101个解决问题的办法，这是家庭教育中家长应该具备的教育智慧。很多家长常常感叹，自己在年轻时是被众人羡慕的学霸，可孩子的成绩和表现却不尽如人意。这些家长不明白的是，这是智力而非智慧，是对书本知识的认知，而不是在认知发展中形成的元认知能力。如果不具备元认知能力，面对家庭教育中的问题，这些家长必然是手忙脚乱的。

当然，这里所涉及的心理学理论很多，篇幅所限，不再一一赘述。

第二章

咨询策略·
解码亲子关系

***

姜倩莉

杨　芳

蔡文芳

梁小萌

每个孩子都是一粒承载着无限潜力的种子，只要父母用真情和智慧，多觉察，多学习，就能掌握亲子沟通的"魔法语言"。

让我走进你的心

——用"魔法语言"开启孩子的心灵之门

姜倩莉

"现在的孩子实在是太难管教了。你说东，他偏要往西；你说一句，他有三句在等着你。做家长的，真是越来越难了……"生活中，经常听家长这样抱怨。

无数家长因为孩子听不进自己的教导而烦恼，家里经常充满了呵斥声，可嗓门越高、说的话越多，火药味儿就越浓，沟通的效果也就越差。非但解决不了问题，还弄得鸡飞狗跳、两败俱伤。

每当与孩子的博弈让你焦头烂额、疲惫不堪的时候，作为父母的你是否渴望手中能有一根魔法棒，让你能够冷静下来，充满爱意地与孩子沟通、交流？每当鸡同鸭讲，无法与孩子对话的时候，你是否想要掌握一门"魔法语言"，使孩子能够听进你的要求和忠告？

新时代的孩子见多识广、思想独立，要想实现亲子间的有效沟通，首先得让孩子愿意听进家长的"循循善诱";其次,家长也要讲究沟通的方式、方法,与孩子说话的时候掌握一套"攻心秘籍"才能事半功倍。

家长们,从今天开始,让我和你们一起带着尊重、好奇、信任、理解起航,用五天的时间,驶向一座座家庭岛屿,驶入孩子们的内心世界。让我们一起学习并掌握他们身心发展的"成长密码",探索他们心灵深处的"内在宝藏",陪伴他们一起成为最好的自己,引领他们乘风破浪,实现梦想。

＊＊＊

第一天:角色岛
做孩子成长的"观察者、引领者、影响者"

我们抵达的第一站是角色岛。在这个小岛上,有一个家庭正在发生这样的一幕:

"妈妈,我回来了!"孩子回家后,放下书包说道。

"赶快脱鞋!赶快洗手!赶快吃饭!"妈妈催促道。接着,她问:"在学校写了多少作业?马上就是期终考试了,从今天开始,你得抓紧时间复习功课了!快点儿写完作业,我帮你把该背的功课都背背。哎,你这个孩子,都多大了!如果我不提醒你、不看着你,你就总是这么磨磨蹭蹭、拖拖拉拉的!"

"知道了,知道了,知道了!烦死了,烦死了,烦死了!真啰唆!你自己吃吧!我不饿,不想吃饭了……""砰!"一声狠狠的关门声,把妈妈与孩子隔在了门里门外的两个世界。

作为父母，看到这段亲子对话，你是不是感觉很平常，甚至一点儿都不陌生？其实，父母和孩子经常会为了日常生活中的琐事以"你一言我一语"或"你一问我一答"的方式进行交流，我们把它称为"交易式沟通"。

父母在不知不觉中流露出传统的角色[1]，向子女传递着令他们沮丧、受挫的信息——你什么都做不好，所以你要听我的安排！

1.传统的角色：这里主要指父母习惯使用的权威化的语气。

很明显，这样的沟通并不能让父母与孩子建立起开放式、鼓励性的正向沟通渠道，反而会扼杀孩子表达内心真实想法的勇气，剥夺他们学会自己做决定、学会对自己负责的机会。

每个人在生活中都有两种角色：家庭角色和社会角色。当你有了孩子，你就拥有了新的家庭角色——成为爸爸或妈妈。这既让你感到幸福与满足，也给你带来了成为新角色而产生的混乱。比如面对孩子时，你首先是妈妈，这就意味着你要给予孩子温暖、包容和爱，这时你是"情"的化身，理论上你是不会因孩子不努力、不用功就责备他的；但当你在督促孩子学习时，无意识地就自动进入老师的角色——传道授业、答疑解惑——这就意味着你需要对孩子提出严格要求，此时你又是"理"的代表，理论上老师是会因学生学习态度不端正而批评、教育他的。

与妈妈相对应的角色是孩子，与老师相对应的角色是学生。在亲子关系中，你可以是妈妈，行为举止要合乎妈妈的角色需求；你也可以是老师，说话办事要符合老师的行为标准。但你不能同时既是"妈妈"又是"老师"，即不能成为"妈妈老师"这个角色。因为这会导致你呈现在孩子面前的角色出现混乱，更加重了亲子沟通的障碍。很多孩子在这种混乱和冲突中哭着、气着、怨着写作业，不仅要学习到很晚、严重影响睡眠，而且会直接导致孩子产生厌学情绪，继而学习成绩越来越差。

家是讲情的地方，不应该是过于讲理的地方。父母应该成为孩子成长过程中的观察者、引领者、影响者，而不是指责者、溺爱者、忽视者。

许多父母的无力感是源于孩子的不听话。其实，静下心来多思考，你就会发现，只要不危及生命，"先洗手还是先换鞋"实际上并不是什么大事，是没有必要大动干戈的。

回到之前我们看到的那一幕。作为一位为孩子的学习而操心的妈妈，当孩子回到家后，首先要避免一上来就劈头盖脸地向孩子发泄自己的焦虑。你可以先接过孩子的书包，恰当地表达自己当下的感受："孩子，上了一天学，我觉得你一定很累了吧？"接下来，再陈述一下事实："妈妈已经做好了饭，就等着你回来吃呢！"再接下来，可以征求一下孩子的意见："快期终考试了，需不需要妈妈帮你复习一下功课啊？"

按照这样的方式与孩子沟通，可以避免对话陷入僵局：在一开始的时候与孩子共情，让孩子感受到父母的关怀；然后将"夺命连环催"变通为"我在等待你"；之后，将命令式的"我要帮你复习背诵"转换为发出"你需要我来帮你吗"的邀请。

也就是说，作为父母，我们首先不要被自己的负性情绪[2]所淹没。遇到事情，要先抽离出来一会儿，让自己成为事件的观察者，用"我信息"[3]的方式向孩子表达自己的感受，客观地描述事实，再把选择

2. 负性情绪：心理学上把焦虑、紧张、愤怒、沮丧、悲伤、痛苦等情绪统称为负性情绪，有时又称为负面情绪。人们之所以这样称呼这些情绪，是因为此类情绪体验是不积极的，身体也会有不适感，甚至影响工作和生活的顺利进行，进而有可能引起身心的损伤。

3. 我信息："我信息"是一种沟通方式或表达模式，指的是在交流中以"我"开头来传达自己的想法、感受、需求、体验等内容，侧重于表达自己的内心世界和个人观点，而不是对他人进行评判或指责。

"我信息"通常包含以下关键要素：一是自己的感受——如"我感到很高兴""我有些担心""我觉得很生气"等，真实地表达自己内心的情绪状态；二是对方行为对自己的影响——描述他人的行为给自己带来的具体影响，例如"你这样做，让我没办法集中精力工作""你的话使我感到有些受伤"。

通过使用"我信息"，可以带来以下好处：一是促进理解与沟通——有助于对方更好地了解自己的立场、情感和需求，减少误解，促进双方的沟通和理解；二是避免冲突与对抗——相比直接指责或批评他人的"你信息"，"我信息"更注重表达自己，不太容易引发对方的防御心理和抵触情绪，从而降低冲突发生的可能性；三是增强自我意识——促使自己更加关注和了解自己的内心感受与需求，提升自我认知；四是维护关系——能够在表达自己的同时，保持对对方的尊重，有利于维护良好的人际关系。（笔者注）

权交给孩子，从而启发孩子做出正确的判断，给予孩子有效的影响。

切记，亲情并不是与生俱来的，也不是可以快餐化经营的，只有一步步地细心经营、悉心呵护，才能构建起温馨的亲子互动氛围，让孩子快乐健康地长大！

＊＊＊

第二天：和气岛
和谐谋共赢　包容促成长

我们抵达的第二站是和气岛。生活在这座小岛上的明明一家，正在经历这样的一件事儿：

妈妈接到了老师的电话："明明妈妈，你好！今天课间休息时，明明与一个男生发生了争执，两个人还动手打了起来。我经过了解，认为这次是明明不对，对他进行了批评教育。希望明明回家后，父母可以跟他进一步沟通一下，让他引以为戒，不要再动手打同学。"

作为家长，你是否也遇到过类似的事情？面对班主任的电话，你又会怎样与孩子沟通呢？

第一种家长：体罚。毫无疑问，这种做法的目的是为了纠正或者消除孩子的错误行为，但无论怎样，这都属于粗暴的行为。对于年幼的孩子来说，他的大脑组织非常脆弱，过于强烈的刺激会使孩子产生痛苦和恐惧的情绪，也会让孩子对家长充满憎恨和愤怒。如果这种脑部冲击只是偶尔发生，或许不会留下什么严重的后果。但是，如果这种情况反复多次出现，那么就会阻碍孩子大脑神经系统的正常发育，给孩子带来不可逆转的身心损伤。

第二种家长：恐吓。这一类家长不会在身体上惩罚孩子，但会用语言描绘出一些可怕的、恐怖的场景，以此试图让孩子不再犯错。虽然虚构各种令人害怕的场景并不会给孩子带来身体上的直接伤害，但会令他们产生情绪上的激动和紧张。当这些情绪不能通过正常途径宣泄的时候，就会令他们在某些环境下焦虑不安，回避社交，心情忐忑。

第三种家长：责备。这类家长在态度上明显更为柔和一些。可是，因为他们既不允许孩子表达自己的看法，更不让孩子把事情的前因后果理顺清楚，所以孩子虽然口头上承认了错误，但在内心既感到委屈，又不明白下次遇见类似的事情应该怎么处理。这样就会造成家长说了无数遍，孩子却总是明知故犯，屡教不改。

那么，遇到类似的情况，家长应该怎样处理才更为恰当呢？

作为家长，我们可以在孩子回家的时候，先跟孩子这样说："老师今天给妈妈打电话了，说了你在学校和同学打架的事。妈妈不在现场，并不了解事情的经过。虽然老师说错误在你，也批评了你，但妈妈还是想听听你对这件事情的看法。你是愿意现在就跟妈妈说说，还是愿意等吃完饭再跟妈妈聊聊这件事呢？"

如果你是这样与孩子沟通的，你觉得孩子心里会怎么想？他是不是会觉得父母和自己是一家人，是可以敞开心扉说心里话的啊！

所以，作为父母，无论面对什么事情，我们和孩子谈话的目的都不应该是说服孩子，更不应该是征服孩子，而是要和孩子一起面对问题，商量解决之道，采用"双圈理论"实现和谐共赢。所谓"双圈"，就是处理事情的时候，将我们和孩子划定在一个圈里，将问题划定在另一个圈里。遇事切忌不要立刻就把孩子推到对立的位置上，而是要先和他站在同一战线上，共同面对问题。我们要先团结孩子，再和孩子一起"干掉"所谓的问题。

* * *

第三天：润心岛
润泽遍万物　滋养细无声

我们抵达的第三站是润心岛。在这座小岛上的一个家庭里，正发生着这样的一幕：

"妈妈，我不想吃胡萝卜。"孩子说。

"宝贝，乖，胡萝卜对身体好，你就吃一口，好不好？"

"妈妈我不吃胡萝卜，我要吃冰激凌！"孩子强调。

"你这个孩子，怎么这么不听话，就知道和我对着干！"妈妈生气地说。

"妈妈，我就是不喜欢胡萝卜的味道，我要吃冰激凌！"

"不吃拉倒，我把饭倒了！等你饿了，可就没有东西吃了！"

"哇——"孩子顿时大哭起来。

"啪——"妈妈最终没能忍住心中的怒气。

这一幕是不是让你感到似曾相识？遇到孩子挑食的问题，很多家长先是温柔相劝，再是威胁恐吓，最终大动肝火。

我们再看一下另一个家庭，遇到同样的事情，他们又是怎么处理的。

"妈妈，我不想吃胡萝卜。"孩子说。

"宝贝，我们来玩个游戏好不好？"妈妈问道。

"好呀，好呀，咱们要玩什么游戏呢？"

"我是一只小白兔，蹦蹦跳跳真可爱……"妈妈带孩子玩起了游戏。

"我是一只小花猫，跑来跑去真开心……"孩子也扮起小花猫参与到游戏中。

"小花猫，这是我喜欢吃的胡萝卜，邀请你吃一口。"妈妈说。

"小白兔，这是我喜欢吃的小鱼儿，也请你尝一尝。"孩子说。

妈妈扮演的小白兔邀请孩子扮演的小花猫尝尝她最爱吃的胡萝卜，孩子开开心心地答应了，并且也把他喜欢吃的小鱼儿与"小白兔"分享。在轻松欢快的角色扮演游戏中，孩子不知不觉地就吃了一大碗胡萝卜，妈妈通过不动声色地"诱敌深入"，取得了胜利。

通过对这个场景发生在不同家庭中的对比，我们可以发现：对于小孩子来说，父母先吸引其注意力，再激发其想象力，用角色扮演、讲故事的方式与他们沟通对话，很容易在游戏中悄悄打开孩子的心扉，使他们接受父母的正确引导。如果用这种角色扮演的方式，即便是批评他们，孩子也不会反感，还会很容易接受。

另外，用"图片对话"的方式进行亲子沟通也是一个很有效的方式。家长可以在网上购买一些亲子互动的卡片，比如人物的、动物的、表达情绪的、人际交往的等，与孩子一起对图片进行描述或展开对话。这种游戏方式不仅有趣，还可以有效地激发孩子尚在发育的大脑，引导他们进行思维活动。通过与图片中的动物、人物的对话，以及适应角色和场景的变化，可以有效地开发孩子的各种智力功能。并且，家长可以利用这种对话方式间接地对孩子进行多方面的引导和教育，也可以以此潜移默化地输入为人处世的道理。这种方法对于家长来说做起来很容易，对于孩子来说则很有趣，也具有极大的吸引力。

家长在教育孩子的过程中，可以将任何无生命的物体人格化，并将它们当成有生命、有智慧的人来对待。

假如你的孩子在学习的过程中遇到了困难，被某道数学题难住了，大发脾气、烦躁不安。你可以这样与孩子对话："来，妈妈看看是哪个小怪兽挡住了我们的道路，咱们一起寻找魔法棒，来制服它吧！"通常，在这个时候，孩子相对就会容易安静下来，和妈妈一起探讨解决问题的办法，而不是陷在情绪中，最终变得失控。

此外，家长不仅要善于创造让孩子喜欢的想象方式，同时还要帮助并鼓励孩子进行创造性的想象。毕竟，在我们生命的过程中，总会遇到大大小小的各种困难，如果孩子不能够在头脑中勾画出积极的未来愿景，那么，他就有可能在遇到困难时陷入沮丧、失望的情绪中不能自拔。

因此，在孩子成长的过程中，家长要根据孩子所处年龄阶段特有的生理与心理特点，有针对性的、"润物细无声"地好好说话。要讲究科学的方式、方法，从家长角色出发，保持真诚与友善，"润泽"孩子，"滋养"孩子。

* * *

第四天：益梦岛
益志在苍穹　天高任鸟飞

我们抵达的第四站是益梦岛。这座小岛上的一个家庭里发生了这样的一件事：

"爸爸，我长大了要去当兵，保家卫国。"儿子满腔热情地说。

"就你这个小体格，还想去当兵？早晨起床都要妈妈三五遍地叫，你还能吃得了当兵的苦？"

一个刚刚开始渴望勇气、坚毅、独立、智慧的小男孩，被爸爸当头浇了一盆冷水，浇灭了心中的热情与希望。从此，小男孩不再提当兵的事，开始三天两头地生病，越来越缺乏男子气。

我们再看另一个家庭也遇到了同样的事情，他们又是怎么处理的呢？

"爸爸，我长大了要去当兵，保家卫国。"

"儿子，爸爸在你这么大的时候也想过要当兵。但是爸爸当时只是想想而已，后来没能实现这个愿望。既然你现在想去当兵，那爸爸就鼎力支持你，祝你早日实现梦想吧！"

接下来，这位爸爸邀请自己曾当过兵的朋友到家里做客，让孩子和朋友聊天，从中了解部队生活；之后，他把早晨起床时的闹钟换成了部队里的起床号，让孩子体验军营的感觉；他会和儿子一起跑步，让他接受像军人一样的严格训练；还会和孩子一起看战争题材的影片，让他明白什么是军人的责任与品质。

从第二位爸爸支持孩子的行动中，我们可以发现这个过程既可以让父子亲密相处、增进感情，更可以让孩子懂得如果想让梦想变成现实，就不能只是想想、说说而已，需要为之付诸行动，并日复一日地坚持下去，这样才能一步步地实现心愿。

作为家长，我们对孩子的教育要顾及孩子的感受，也就是说，要理解孩子行为背后的动机、想法和需求，赢得孩子的信服与认同。

当孩子提出自己的想法时，家长不要急于去帮他分析是非对错，而是首先允许他表达自己的观点，再慢慢地去探讨实现这种想法的途径，帮助他多角度地看问题。

梦想是孩子努力奋斗的原动力，目标是孩子实现梦想的阶段性成果。作为家长，我们应该引导孩子树立恰当的梦想与目标，使之能量聚焦、消除内耗，站在"益志于苍穹"之境界，全面推动梦想与目标的实现，给孩子的学习和成长提供源源不断的能量。

***

第五天：生存岛
生生永不息　百炼终成钢

我们抵达的第五站是生存岛。在这座小岛上的一个家庭里正在发生这样的一幕：

"妈妈，我这次考试考了一百分。"

"孩子，妈妈好开心，你的努力终于有了回报。"

"但是妈妈，我同位说我的成绩一直不如他好，这次考了一百分肯定是抄他的……"

如果这件事发生在你的生活中，面对孩子委屈的哭诉，作为父母你会怎样跟孩子沟通呢？

有的父母可能会说："他是嫉妒你，不用管他。"这种做法忽略了孩子内心的委屈，虽然他认为确实是这么回事，但孩子内在的负性情绪却没有消失。

还有的父母会去跟老师反映情况，希望通过老师的介入还孩子一个清白。但这样做的结果，往往会加剧孩子与同学的矛盾，让他们的关系变得更加紧张。

再有些父母会让孩子更加努力，认为只要孩子每次都能考好，也就自然而然地证明了自己的实力。可孩子不见得每次都会考出好成绩，这样做反而增加了孩子的心理负担。

我们来看一下生存岛上的这位妈妈是怎样做的。

妈妈对孩子说："妈妈知道你被别人冤枉了很不开心，可是妈妈想得更多的是今后你上了初中、高中，甚至读了大学再遇到类似问题的时候，都不知道怎么去处理。人从小到大难免会受到很多委屈，被人冤枉的情况也会发生。我们一起看看这次的情况应该怎么面对好不好？"

妈妈一边说着，一边给孩子一个温暖的拥抱。孩子在妈妈的怀抱里流下了眼泪。

这位智慧的母亲，用自己的语言和行动，提升了孩子思考问题的高度，让他学会如何举一反三地处理问题，同时也表达了对孩子的关心。家长这样做其实是选择了与孩子共同面对问题，并引导孩子学会怎样去处理这些问题。

我们成年人因为拥有相对丰富的人生经验，遇到问题可以迅速地从自己的大脑中提取解决方案。而孩子正在成长期，他的人生在不断经历生命中的第一次。让孩子自己去解决问题，可以丰富他的人生体验，而不是单纯地依靠大人来处理事情。如此才会让孩子形成独立分析、独立思考、独立解决问题的能力，帮助孩子学会遇事不妄自菲薄，让他们知道失败是人生的组成部分，使之能够自我激励、不断强大内心世界，而不是一遇到问题就打退堂鼓，或者只会怨天尤人地生闷气。

其实，十几岁的孩子或多或少都会遇到有关学业、人际、情绪、发育等方面的问题，他们往往不知道该如何处理，内心十分渴望得

到家长的建议。家长只有先成为孩子的朋友，才会使得孩子敞开心扉，才会愿意让家长知道他们内心真实的想法、分享内心真实的感受。

亲爱的家长朋友们，经过五天的奇妙之旅，相信每一位父母都和我一样，对于家长的角色、家庭的氛围、家教的内容、家风的把握、家规的树立，都有了更深的理解和领悟。

俗话说，"水能载舟，亦能覆舟"！家庭是孩子健康成长的地方，但也可能是给他们造成心理创伤的地方，这就需要我们家长用心呵护孩子。其实，每个孩子都是一粒承载着无限潜力的种子，我相信只要父母用真情和智慧，多觉察，多学习，掌握亲子沟通的"魔法语言"，就一定会点石成金，拥有开启孩子心灵之门的金钥匙！

直到有人愿意主动改变，才能打破这种情感
交流的方式，形成新模式下的爱的传承。

你的爱里，有两个孩子

杨 芳

在学习如何成为"称职父母"的道路上，你是否常常被这样的疑问所困扰：我该如何去爱，才能让这份爱成为孩子成长的阳光？为何我用尽全力去爱，结果却往往不尽如人意？更令我费解的是，为何与孩子相处时，我的情绪总是复杂多变？

作为心理咨询师，我在咨询过程中频繁地遇到带着这些困惑的家长。随着心理健康观念的普及，人们开始意识到，家长的育儿观念、行为深受其个人成长经历的影响。家长在孩童时期从父母那里接收到的，不仅有爱的滋养，也可能包含未处理的伤痛与苦涩。

在前来咨询的家长中，许多人最初是因为孩子在成长中遇到了问题而来寻求帮助的。然而，随着咨询的深入，他们逐渐意识到，自己内心深处藏着一个受伤的"内在小孩"。如果这个"内在小孩"没有得到足够的关注和疗愈，它可能会在不经意间主导个体的行为。这就造成了父母可能既是孩子最亲近的依靠，又是在不经意间伤害他们的源头。这种矛盾常常导致亲子关系紧张，家庭氛围也因此蒙上了一层阴影。

令人寻味的是，这些在亲子关系中挣扎的父母，往往在社会其他领域表现得很出色：他们或是职场上的佼佼者，或是团队的领导核心，或是朋友们的可靠支柱。然而，一旦面对自己的孩子，他们却仿佛失去了方向、丧失了解决问题的能力，对孩子的内心世界感到陌生与困惑。他们渴望找到一条路径，能够引领他们走进孩子的心灵。

一个孩子的成长需要父亲和母亲分别给予两种不同的爱。

母亲的爱：当孩子在外面"受伤"的时候，母亲可以"接住他"，理解他，安抚他，与他共情，让孩子感受到自己被接纳，从而学会爱自己。母亲的爱温柔得就像永远怀抱着婴儿，让孩子知道"妈妈的眼中只有你"。这样温暖的爱可以给予孩子充足的安全感。

父亲的爱：当孩子向外探索的时候，父亲可以帮助他了解这个世界，懂得规则和边界，获得力量和勇气。父亲的爱犹如从背后托举着孩子，让孩子发现"我的面前有整个世界"。这样的爱可以造就孩子保有好奇心、敢于冒险。

如果一个孩子能同时拥有这两种爱，成长就会比较顺利。如果这两种爱是"畸形"的，孩子为了适应就会自动形成"保护层"，以确保自己不受伤害。那些无法消化的情绪和情感会压抑到记忆的深处，在未来的某一刻爆发出来。这也是为什么很多人成为父母后会掀起巨大的心理波澜——看到孩子，他们会触碰到自己的"内在小孩"，就会无意识地想到过去，还会用以下两种方式来重复自己的童年：

一种是"复制"，即用曾经父母对待自己的方式去对待孩子，不知不觉地成为自己父母的样子。孩子也会成为曾经的那个自己，感受到同样的无助、无力。这种情况下，自己也会在暴怒与愧疚中反复"横跳"。

另一种是"补偿"，为人父母后，害怕孩子成为曾经的自己，于是完全背离了父母的模式，在孩子身上过度补偿、过度关注。因为没有边界，引起孩子的不适和反抗，而自己也在不遗余力地付出却不被理解中感到极度的委屈与愤怒。

这两种亲子模式，前者的爱浓度太低，后者的爱浓度又太高。无论是哪一种模式，都源于年轻的父母心中那些没有被疗愈的伤痛。成人后，我们往往需要开启一段新的经历，人生才会重启。这个经历往往发生在成为父母的时候。

当我们成为父母时，现实中的孩子常常让我们"触景生情"。我们想做一个好爸爸或好妈妈，但却无法架起与孩子有效沟通的桥梁。在我们投注于孩子的情感中，既有天然的作为父母的本能之爱，又有我们自己孩童时期残存下来的记忆与感受。

陪伴孩子成长的过程，也是成人疗愈自己、慢慢成熟的过程。当父母可以看见自己的"内在小孩"，尝试和曾经受伤的自己慢慢剥离，才能真正看到现实中的孩子，才能建立起真正的亲子关系。从这个角度来讲，孩子是上天派来的小天使，他们让成人拥有了做父母的幸福，也给了父母修正童年缺憾的机会。

在孩童时期，人类的天性是乐观的、脆弱的、需要被呵护的。如果父母过于严厉，习惯于用批评和指责的教育方式对待孩子，孩子成年后就容易出现惧怕权威、讨好型人格、无法表达情感等一系列问题。

下面，让我们从实际案例出发，来进一步解析如何看见内在小孩，建立真正的亲子关系。

***

爸爸篇——不会玩耍的爸爸

林先生[1]是一位成功的职场人士，在别人眼里他取得了令人羡慕的成就，但他也有自己的烦恼："妻子总是抱怨我不解人意，除了谈工作，和她就没有其他话题可说。"除了亲密关系，林先生在亲子关系的处理上也遇到了问题："孩子也畏惧我，因为我总忍不住训他，对他不耐烦。"

1.注：本书中所提及案例均已取得当事人同意，所涉及人物均为化名，如有雷同实属巧合。（编辑注）

林先生出身知识分子家庭，父母都是技术人员，工作繁忙，不苟言笑。在林先生的记忆中，父亲总是早出晚归，很少同他讲话，偶尔的交流也是围绕学习的话题。在林先生的心里，父亲是威严的，是他不敢靠近的。只有在考试取得优异成绩的时候，他才会看到父亲脸上的笑容，那也是家里难得的轻松时刻。久而久之，林先生的内心产生了一个信念：只要他足够好、足够优秀，父亲就能看到他、认可他，就不会对他失望。于是，在他的学生生涯中，他不允许自己失败，每次考试前都高度紧张、异常焦虑。考试中做错的每一道题他事后都要反复验算，并且内心感到懊恼，还会不断地责怪自己。工作后，林先生一丝不苟，严苛地要求自己，很快就升职了。他也严苛要求下属，甚至还严苛地要求妻子。妻子不止一次地提出抗议，告诉他家庭不是办公室，希望他能多陪陪孩子，多享受享受小家的乐趣。但林先生无法让自己停下来，内心好像有一个声音在催促着他不断向前。

　　我问林先生，如果停下来他会怎样。他迟疑地说："恐慌以及深深的危机感。感觉人生无聊，无意义。"

　　林先生告诉我，他的脑海中常会浮现这样的画面：一个七八岁的小男孩坐在书桌前，他面前的墙壁上贴着一张学习计划表。这张表几乎把每一分钟该做什么都安排好了。屋里很安静，静到可以听到墙上的钟表在"滴答滴答"地走。窗外有小伙伴玩耍的声音，但这一切都与这个小男孩无关，他的世界只有孤独。

　　"想到这个小男孩，你的感受如何？"我问道。

"我很心疼，也很难过……"林先生回答。

我接着问道："你觉得他有什么愿望吗？"

林先生回答："这个小男孩可能很想出去玩耍，很想和外面的小伙伴一起嬉戏打闹。但他又很害怕——害怕爸爸发现后会责备他。虽然他人坐在书桌前，但内心却在激烈地挣扎着。他感到总是学习真的很累，也很孤独，偷偷跑出去玩儿又会让他觉得非常内疚，好像这样做自己就不是一个好孩子了，心里就会产生羞耻感。"

讲到这儿，林先生的眼睛潮湿了。他体会到自己内心对"玩耍"有一种自然的排斥，好像玩耍是无聊且没有意义的。在他童年的记忆里，极少有自由自在玩耍的经历。他体会不到玩耍的快乐，自然也无法把这种快乐带给自己的孩子。

无须多言，林先生已经意识到自己在对待孩子学习的问题上存在的问题：一方面是林先生内心感到深深的危机感，他害怕孩子成绩差会影响未来，这使得他 看到孩子玩耍就忍不住发脾气；另一方面是他不愿意总是将孩子困在学习里，这样孩子会毫无乐趣，可他又不知道怎样去陪伴孩子。这样的矛盾冲突在他的工作中同样存在：一方面他努力工作，另一方面又不胜其烦。

在林先生的心理世界存在着两个孩子：一个是按照父母的要求循规蹈矩的孩子，一个是渴望自由的孩子。在他的成长经历中，过多地满足了外在的要求（如重要养育者父母的要求），而忽略了自己内在的需求。这就导致成年后的他内心始终存在矛盾冲突的声音：一个渴望自由，想过无拘无束的生活；另一个却充满了批判和焦虑。他很努力，却始终无法满足自己的需求，最终让自己处于纠结与自我消耗之中。如果把这样的矛盾带到亲子关系中，作为父母，我们将无法确定如何与孩子互动交流，自然也提供不了孩子需要的心理养分。

我们不妨设想一下，如果在孩子很小的时候，父母过于强调学习，认为凡是和玩儿有关的事情都是毫无意义的，那么孩子以后会变成什么样子呢？

最常见的就是林先生这样的"直男"——他们的感性思维没有得到充分发展，思考问题多停留在理性层面，很难感受到自己的内心需求，也难以回应他人的情感需求。

在亲子关系中，允许孩子玩耍、陪伴孩子玩耍会给孩子提供一个创造性的空间。在这个空间里，孩子的创造性、想象力、情感丰富性等都将得到发展，未来更可能成长为一个"灵活"的人，而非一个僵化的、压抑的人。足够大的玩耍空间也让孩子有机会在游戏中去学会和玩伴分享、竞争，让孩子有机会学会建立并遵守游戏规则，使孩子能初步了解人际关系，在情感上更加丰富，提升解决现实问题的能力。

经过一段时间的心理疏导，林先生慢慢发生了变化：他不再严苛地要求自己和别人，工作之余还会尝试去体验松弛下来的感觉——尽管这对他来说很难，但好在有家庭的支持，他得以弥补童年缺失的乐趣，修复了"内在小孩"的伤痛。他开始用平和的心态和家人相处，改变了自己在孩子眼中那个"严厉的老父亲"的形象。一段时间后，孩子由衷的喜悦也感染了林先生，让他看到了一个和自己所经历的不一样的童年。随着林先生的变化，家里焦虑和紧张的氛围也得到了缓解，家庭的小船俨然驶入了一条新航道。

在根深蒂固的传统文化的影响下，中国的父母更倾向于在生活琐事、学习任务等细微之处展现对孩子的深切关爱，可能在不经意间忽略了彼此的情感需求。他们悉心地照料孩子的物质生活，但面对孩子的情感需求往往力不从心。即便是在孩子主动表达情感需求时，他们也难以提供足够的情感慰藉。久而久之，孩子会不自觉得地认为自己的情感需求并不重要，从而忽略了自己的情感需求，进而学会压抑自己的情感需求。当这些孩子成为父母后，他们可能会身不由己地延续这一模式，因而难以满足自己孩子的情感需求。这样的关系模式不被觉察和打破，就会潜入一个家族的"文化惯性"，每一代人都不断重复这样的循环，直到有人愿意主动改变，才能打破这种情感交流的方式，形成新模式下的爱的传承。从这个角度说，林先生是一个勇敢的人，也是一个智慧的人。他勇于直面自己的内心，疗愈自己的内在小孩。他改变了家族旧有的关系模式，也给予了孩子更深厚、更宽广的父爱。

***

妈妈篇——眼睛无法离开孩子的妈妈

欧女士现在是一位家庭主妇。曾经的她面容姣好，拥有大学学历，在职场上也有不俗的表现，和丈夫的感情也很融洽。这美好的一切在孩子到来之后戛然而止——她变成了一个小心翼翼的妈妈，眼睛无时无刻不盯着孩子，唯恐她受到伤害，甚至在婆婆、丈夫看护孩子时她都不放心。因为看护孩子的问题，一家人的矛盾不断升级。欧女士最终决定辞职，全职养育孩子。她成了一位家庭主妇、全职妈妈。

有一次，女儿在幼儿园和其他小朋友发生了冲突，她感到非常委屈，回家大哭。这使得欧女士情绪崩溃，直接冲到幼儿园大发雷霆，并给孩子办理了退园手续。她陷入了深深的自责，觉得自己没有保护好女儿，不是一个好妈妈。她久久无法原谅自己。

那时的场面一度混乱不堪，欧女士的情绪崩溃失控，女儿被妈妈吓得哇哇大哭，丈夫一边劝慰自己的妻子，一边觉得不可思议——一向温柔的妻子怎么变成这样了？直到这时，全家人才意识到欧女士的行为过激了。丈夫抛出了重话："再这样下去，一家人的日子就没法过了！"

当我请欧女士分享她作为妈妈的感受时，她深情地告诉我："女儿真的太弱小了，她无法保护自己。外面的世界充满了不可预测的危险，她随时都可能受到伤害。我觉得，只有妈妈才能给她足够的保护。为了守护她，我宁愿放弃自己的事业。这几年，我甚至连独自出门都会感到内疚，总觉得女儿需要我，我应该时刻陪在她身边。作为妈妈，我不应该为了自己追求快乐而离开她。"说到这里，欧女士流下了伤心的泪水。

我很好奇欧女士缘何会产生这些想法。经过询问，我得知在欧女士小时候父母经常争吵，父亲总是摔门而去，母亲则不断地在欧女士的耳边发泄对父亲的不满。小小的她被迫卷入到父母的婚姻关系中，被赋予了维持甚至修复父母婚姻关系的"使命"。相对于父母的婚姻，她自己的情感和需求并没有得到重视，反而需要她牺牲自己，作为一个调停者来平息家里的战火。

在治疗过程中，欧女士告诉我，她回想起一个画面：曾经的她——那个五六岁的小女孩蜷缩在桌子下面，惊恐万分，耳边充斥着父母的怒骂声和玻璃杯被摔碎的声音。在那个时候，她是那么的恐惧，那么的孤立无援。在家里没有人关注她，更没有人去安抚她的恐惧。"世界好像不存在了，周围的一切好像都不存在了。我像被扔到一座孤岛上，我只能感受到被一片黑暗包围着，整个人陷入了眩晕。"欧女士无助地说。

是的，欧女士从小在家就是小心翼翼地生活，时刻察言观色。表面上，她是一个乖乖女，从不惹父母生气。然而，在她内心深处却常常为自己的弱小和无助感到内疚，为父母的暴怒而恐惧不已。她不敢向父母倾吐自己的心事，会担心给父母增加烦恼，甚至引起父母的矛盾。即使在初中遭遇校园霸凌时，她也依然努力地扮演着"好孩子"的角色，不敢向父母求助。直到有一天，父亲得知真相，去学校为她讨公道，欧女士才第一次体会到来自父亲的支持。而过去父母的争执，让她的安全感和对他人的信任都受到了很大的影响。

从以上案例中，我们可以看出从小缺乏父母陪伴的人大致有如下几个典型的特征：

第一个特征便是关系中的过度"粘连"，即特别害怕分离。因为害怕失去爱的客体，他们在相互关系中无法承受分离，这就很容易形成"分离焦虑"。恋爱的时候黏伴侣，希望掌握对方的一举一动；有了孩子以后黏孩子，对孩子形成过度依赖，担心一旦和孩子分开其就会发生不测。

第二个特征是关系中的过度"折腾"，即害怕被忽视。从小缺乏父母陪伴的人，为了引起他人的关注，会用"折腾"的方式显示自己的存在。他们渴望陪伴，但又无法信任他人，反反复复地试探，经常会让双方的关系以不信任而告终。

就像欧女士成为妈妈后，她看到的女儿是可怜的，是无法保护自己的。她每一次的出手，不仅在保护自己的女儿，更是在保护她内心那个孤独的、无人陪伴的小女孩。她担心女儿会重蹈覆辙，陷入无依无靠的境地，会像当年的自己，在需要父母的时候只能独自默默地承受一切。她对女儿的过度关注和保护，反而阻碍了女儿的正常发展。

内在的创伤让欧女士没有意识到其实女儿生长在一个充满爱的大家庭中，爷爷奶奶、爸爸妈妈都很爱她，她并不会像欧女士小时候那样受委屈。即使遇到了困难，欧女士的女儿也能得到家人的帮助。欧女士的紧张和焦虑并不是源于现实，而是源于内心的恐惧。她是妈妈，同时也有自己的社会角色，她有照顾好自己的权利，更有发展事业的需求，根本不必为此内疚。

在我的帮助下，欧女士开始慢慢重建自己的内在世界，和那个充满恐惧和不安的小女孩和解，去拥抱并接纳曾经受伤的自己。当她走出自己的世界，才发现女儿其实并没有自己想象中那么弱小，而是充满了能量。越是信任地放开手，女儿成长得越快。看到女儿出色的表现，欧女士不禁感叹：很多时候，并非孩子离不开妈妈，而是妈妈更离不开孩子。

当妈妈的眼睛不再盯着孩子，孩子却可以把自己照料得很好的时候，我们就可以安心地让孩子成为自己，并学会为自己负责、学会建立边界，为未来的独立做准备。

在孩子成长的道路上，除了养育孩子的生命，信任孩子、勇于和孩子分离同样是妈妈需要完成的重要课题。欧女士在自我成长的过程中，逐渐学会了如何成为一个独立的女性和一个好妈妈。同时，她也在自我疗愈后对自己的父母有了更深的理解，她不再执着于原生家庭的影响，和父母的关系也逐渐缓和。在欧女士的身上，我们看到了母爱的伟大和坚韧，一个不言放弃的妈妈一定会给孩子带来更美好的成长体验。

爱，温柔而强大，无声却充满力量。要学会爱，我们需要先治愈自己内心的创伤，让过往的那些伤痕渐渐愈合。当我们鼓足勇气，直面生命的每一个光明与暗角，学会以孩子真正需要的方式与之相处，学会用纯粹而温暖的爱去紧紧拥抱他们，那时我们将会发现：爱原来可以不再伴随痛苦，爱是生命最美好的馈赠。

花开书页间

随着孩子年龄的增长，他们的世界也在不断地扩
大，而作为父母的我们，在他们世界里的占比也
会越来越小，直到有一天，我们也会成为他们整
个人生的一部分而已。

穿越潜抑，
我找回了遗失的自己

蔡文芳

读了那么多的书，听了那么多的课，谁不想做个好父母，让孩子成为真正的自己呢？如果将这件事比作是孩子给我们提交了一份《成为自己申请书》，而我们只需大笔一挥签上"同意"二字就能解决，谁又会不乐意为之呢？然而，现实是父母在养育孩子的过程中，几乎都会不断地承受各种各样的煎熬，产生各种各样的焦虑。想要让孩子成为真正的自己，父母首先要能够在艰难困苦中"存活"下来。最好能活得再好点儿，自洽一点儿，这样才能有空间助力孩子自由成长、成为真正的自己。否则，父母自己都身处水深火热之中，又怎能有余力助力孩子的成长？

至于我们如何才能自洽一点儿，我想从一本著名的绘本——《猜猜我有多爱你》说起。

这本绘本的内容非常简单，讲述了一只小兔子和一只大兔子比谁更爱对方的故事。可无论小兔子如何尽力地描述自己对大兔子的爱有多么深、多么多、多么大、多么远，它都比不过大兔子对自己的爱。比如，小兔子说："我爱你一直到月亮那里。"这时，大兔子就会说："我爱你一直到月亮那里，再从月亮上回到这里来。"

＊＊＊

不过一部分而已

我想说的是，故事所传达的主旨既是正确的，也是不正确的。说它正确，是因为如果从成年人的视角来看待这场爱的较量，那么大兔子更爱小兔子完全是正确的。在小兔子的世界里，能够到达月亮那里已经是它所能预见的极限了，在它的认知里没有比这更遥远的距离了。而在大兔子的世界里，比月亮距离地球更加遥远的还有太阳系，而太阳系也仅仅是银河系中一抹璀璨的光点，银河之外还有浩瀚无垠的宇宙……正如比起孩子的世界，成年人的世界是更为宽广的，这就意味着在更宏大的世界观、人生观和价值观的基础之上，成年人的爱更加深邃、高远，也更加无私。

但是，如果我们换一个视角，从孩子的角度来看待这场爱的较量，则可能得到另一个结果。那就是无论小兔子的世界有多么小，小兔子对大兔子的爱都占据了它的整个世界。然而大兔子对小兔子的爱无论有多么满，都不可能占满自己的整个世界。从这个意义上来讲，小兔子其实更爱大兔子。

其实，陪伴孩子成长只是我们整个漫长人生的一部分，而我们在孩子的世界里却曾经是他们的全部。这里之所以用"曾经"，是因为孩子的世界并不是静止的，而是动态的。随着孩子年龄的增长，他们的世界也在不断地扩大，而作为父母的我们，在他们世界里的占比也会越来越小，直到有一天，我们也会成为他们整个人生的一部分而已。对此，你是否和我一样，既感到轻松，又有点儿难过呢？

*＊＊

听见孩子的哭声

我的宝贝女儿一直堪称天使宝宝，直到她上了幼儿园。

每个孩子入园都会有一段适应分离的过程，这一点我其实早有心理准备。在她入园的前期，园方也非常科学地采用循序渐进的方式，用了半个月的时间帮助幼儿们适应分离。

但是，女儿依旧未能完全适应这种"分离"。刚开始，她的哭闹并不严重，能够听话地在幼儿园待上一整天，甚至还可以在幼儿园午睡。可她肉眼可见地消瘦了，还出现了尿裤子的情况。在老师发的活动照片里，她总是瞪着一双惊慌的眼睛。你能想象吗，3岁的孩子愣是长出了一根白头发！我这下可算是知道何为"恐伤肾"了。这哪是

"分离焦虑"啊，分明就是"分离恐慌"！

那段时期，女儿每天回家后会给我讲幼儿园里发生的事情，可每天她讲的故事大致都是相同的。

当她第一次神秘兮兮地跟我讲："妈妈，我们幼儿园的林林（化名）总是不听老师的话，他到处乱跑，都跑到山洞里面去了！你能陪我去找找他吗？"

当时，我根本没当回事儿，只随口回应了一句："好的。"

当她第二次跟我讲起林林的时候，我心想："这孩子的状态是不是不太好？怎么连想象和现实都分不清了？"

当她第三次、第四次跟我讲的时候，出于职业敏感性，我意识到了问题很严重！于是，我开始思考这个故事的象征意义。

通常来说，如果我们对某个故事、某段歌词、某句诗词、某部电影特别有感觉，或者反复去体验，那就说明这个故事或者这段文字击中了我们的内心。所以，女儿透过这个有点儿"恐怖"的故事到底想要跟我表达什么呢？

后来，每当女儿再讲起这个故事，我就会让她挑一个喜欢的娃娃扮演那个跑进山洞里的同学，然后和她一起进行角色扮演。有时候，我也会提出互换角色，我去演那个跑进山洞里的同学。就这样，我慢慢地发现，那个跑进山洞的小孩，一方面很顽皮、很有探索欲地想要去山洞里探险，另一方面因为不知道自己会遭遇什么，又体验到一种恐慌不安的情绪。他既期待着自己随时可以被找到、被保护，又害怕自己被遗忘、被放弃。

所以，当老师告诉我女儿在幼儿园里又尿裤子了，我就趁机对女儿说："妈妈知道你为什么尿裤子，因为你很害怕自己在幼儿园里，妈妈找不到你了！"女儿听后认真地看着我，她点头，承认了我的说法。此后，女儿尿裤子的情况得到了明显改善，不久后就不再尿裤了。

如果你认为故事到这里就结束了，那你就错了。养育孩子绝对是一件随时都会让人感到挫败和焦虑的事儿，不管你是谁、在你自己的领域里有多牛，你的孩子绝对有本事让你"秒怂"。

过了一段时间后，女儿确实不尿裤子了，但从此开始了哭闹。

一年多后，女儿升入中班，每天早上去幼儿园之前，她必定要在家里上演一场"孟姜女哭长城"的大戏——对，是每一天！

每到这时候，我在无奈和叹息中就会默默地打开我的"心理扫描仪"，想着："天啊，我到底是做错了什么，让孩子这么没有安全感。到底是哪里出了问题？我就如此不值得信任，导致她离开我几个小时都担心不已？"我一边这么想着，一边把自己从上到下、从里到外、从当下到过去主动地"扫描"了一遍。

结果，除了想到在她不到1岁时，我因为逆行性乳腺炎在她面前疼得大喊大叫，还把她放在家里几个小时去医院看病了，我实在找不到任何对不起她或者让她对分离如此恐惧的事。

接下来我开始了"炫技式干预"——意象对话、沙盘游戏、行为矫正、提高依恋质量，能用的我都用了，可情况还是没有好转。

此间，我与孩子的爸爸对于在她哭着要抱抱的时候，到底抱不抱她产生了分歧。我主张抱。因为女儿哭着要抱抱的时候，如果不抱她，我感到孩子会非常痛苦——她会不断要求抱抱，似乎不抱对她是一件很残忍的事情。爸爸主张不抱。因为爸爸认为孩子一哭就抱，会助长孩子用哭闹的方式提要求，故而坚决抵制"不良之风"。结果是抱了也哭，不抱也哭。

就这样，我在女儿的哭喊中、在与孩子爸爸的争论中，反复体验着养娃的挫败和无助。这个时期唯有一件事情可以让我略感心安——就是每当我向别人打听他们的孩子上幼儿园是否哭时，他们无一例外地告诉我：哭，而且哭得很厉害，有时他们甚至没有勇气与耐心去面对这件事情。发现大家养娃的状态都差不多，我内心的自责消减了不少。

***

遇见那个遗失的自己

日子一天天机械地重复着。忽然有一天，我想到了一个问题。于是，我问母亲我小时候上幼儿园哭不哭。

母亲告诉我，我非但不哭，而且很小就去托儿所了。当时，托儿所的阿姨都很喜欢我。我是八〇后，我的父母有许多兄弟姐妹，那个年代许多单位都有托儿所，解决双职工家庭白天带娃的问题。在我还是小婴儿的时候，我的父母一个上白班一个上夜班，他们尽量留一个人在家照顾我。我快 2 岁的时候，被送去了托儿所，之后就上了幼儿园。据母亲讲，在此期间我的表现"良好"，不怎么哭闹，这也导致了我们全家人一致认为小孩上幼儿园不停地哭是一件不正常的事。但是，我的职业素养告诉我，不哭才是不正常的！

我们每个人的婴幼儿阶段都是人生之中最为弱小的时期，此时要我们与所依赖的、给予我们安全感的父母分离，是一件多么令人恐慌不安的事情。而婴幼儿用哭的方式来表达自己的不安、恐惧、难过都是自然而然的反应。

所谓"事出反常必有妖"。我忽然意识到，我的"不哭"其实意味着当时的我无意识地使用了潜抑的防御机制来处理我在 1 岁多时所无法承受的那种分离带来的巨大恐慌与痛苦。

这里引入一个精神分析的概念——防御机制。精神分析学派认为，当个体的内心遇到了无法承受的来自外界或者内部心理冲突的压力时，为了避免内心崩溃，会自动化地进行一系列操作，帮助个体避免痛苦，生存下来。这些操作的手段就是防御。

潜抑的防御就是把个体体验中冲突的方面或引起情绪不适的潜在来源从意识中驱逐出去，压抑到个体意识不到的潜意识区域里，以此避免痛苦，适应生存。

也就是说，与父母分离所带来的恐惧、慌张、不安、焦虑等情绪之强烈，是 1 岁多的我根本无法理解、无法消化、无法承受的。那个非常幼小的我，自动地将这些巨大的难以承受的情绪和情感一股脑地打包，直接扔进了潜意识的地下室里，封存至今。这样，在意识层面[1]的我就不会感觉到任何的痛苦，自然也不会为分离而哭了。

换句话说，我把那个面对分离会崩溃、害怕、不停地哭泣的我，从我的主体上解离出来，就好像把这个哭鼻子的我从意识的卧室赶了出去，然后用潜抑的力量把它关押至潜意识的地下室。从此，我不仅在自己面对分离的时候不会哭，我也不理解[2]他人为何会在分离的时候哭。

关于父母因童年创伤所造成的潜抑对其育儿的影响，精神分析学派有一篇非常经典的文章《育婴室里的幽灵》，其中表达了这样的观点：或许因为父母自身有童年的痛苦与创伤，所以当他们把一个孩子带到人世间的时候，便希望能够通过孩子来治愈自己童年的创伤。

我们经常会从父母那里听到这样的表达："我希望我的孩子能过

1.意识层面：精神分析的创立者弗洛伊德认为，人的内在心理结构是由意识、前意识和潜意识（又称无意识）三个部分组成的。意识就是指我们可以清楚地感知到的那些想法和感受。潜意识是指那些我们无法感知到的深层欲望、冲动和幻想。意识有三个层面：意识层面是认知存在的层面，无形无相，包括对人事物的判断、想法、念头等，意识层面的认知分为真实的和虚假的，正确的和错误的；内在层面是内在感受和心理活动的层面，关注人的情绪与感受，在这个层面，情感和内在体验占据主导地位；物质层面是由物质世界构成的层面，包括自然界与人类社会，涉及质量、能量和信息。
2.这里的不理解，指的是认识上知道，但感情上不理解。（笔者注）

得比我好。"

其实，这正是父母所寻求的一种"心理补偿"。所以，父母尽管自己在童年时经历了贫困、粗暴、遗弃甚至童年恐怖事件，但是因为他们获取了这种补偿，所以并没有把自己的苦难施加在孩子的身上。

这样的结果是，孩子很幸运，能够相对健康地成长，但父母仍然处于潜抑的创伤中。这就使得父母在那些对他们造成创伤的事情上，无法理解自己的孩子，对孩子的一些正常的需要和反应都感到惊奇、诧异、不理解，并且将之视为不正常的。而这一切只有当父母可以找回童年时被潜抑出去的、被关在潜意识地下室里的那个受伤的自己时，父母自身才得以完整、得以修通，才能够正确地看待孩子的反应。

当往日的悲伤被记起，我不仅找回了那个害怕分离的自己，也找回了那个像爱哭鬼一样的自己。

其实我很爱哭，只是小时候的我是不被允许哭的。每次我哭的时候，得到的都是父母严厉的训斥。这些我好像全然忘记了。也许，在父母的批评教育中，就连我自己也厌恶那个总是想哭的自己吧！

我永远记得，当我还是幼儿时，有一次我哭着找妈妈，妈妈却伸出食指指着我的鼻子，让我把眼泪憋回去。

当我"穿越了时空"，终于与那个年幼的我"相遇"，我们的心连在了一起！我知道她有多么难过、多么委屈、多么害怕，她只是想要妈妈抱抱，这样她就可以平静下来。其实她也不想哭，只是她还控制不了自己的情绪。

就这样，我在理解孩子为什么哭闹的过程里，找回了那个被我遗失的自己，也自然而然地知道如何应对女儿的哭泣了。当她上幼儿园前再号啕大哭的时候，我就会陪着她，抱着她，用手轻抚她的背，告诉她一个人会害怕、会想念这很正常，但是别担心，我永远爱她，永远会找到她，会接她回来。

这样反复地安慰了她几周，情况得到明显的改善——她上幼儿园前不哭了！

＊＊＊

有限责任制自洽

作为父母，自洽之所以如此困难，是跟责任感有关的。当孩子明显处于困境之时，我们的自洽往往等同于不负责任。这个时候道德焦虑压迫着我们去帮助孩子解决困境。然而，问题往往就出在尚未自洽的父母根本解决不了孩子的困境。

于是，一边是处于责任感的道德焦虑，一边是解决不了困难产生的现实焦虑——父母成了双重焦虑下的夹心饼干。

人的本性是求生的，被压力挤压得受不了的父母，只能选择排除其中一边的焦虑。所以，他们要么寻求别人的帮助来解决问题，要么放过自己，宽慰自己"儿孙自有儿孙福"。

很显然，这两种选择都有点儿极端。中国古人的智慧启示我们，极端的想法往往都非良策，所以我们更崇尚中庸之道。

比起"全或无"式的艰难抉择，也许我们可以创造"既又不"式的有限责任制自治——我们既负责任，又不负全责。我们既不是撒手不管，放任孩子自己面对困难，又不是大包大揽，帮孩子解决全部的困难。

有限责任制自治可以很好地减轻焦虑。很多"极其负责任"的父母，总是担心自己会耽误孩子的一辈子，尤其在培养孩子时，总认为过了这个阶段就再没机会了。因而，一面内心煎熬着，一面硬抗着。既逼自己，又逼孩子。其实孩子发展的每个阶段都会遇到各种各样的问题，每个问题也都可以在未来得到修正、改善，甚至是升华。如果你坚持认为某件事会耽误孩子的一生，那你有可能低估了孩子的能力——创造和改善自己生活的能力。如果父母打心眼儿里没瞧得起，自然也不会培养孩子这方面的能力。这简直是教科书级别的反面使用罗森塔尔效应[3]的实例。

反之，如果事情只是某一部分出了问题，父母当然不必太过焦虑，因为这并不意味着整件事情全完了。回到教育和陪伴的问题上，孩子

3. 罗森塔尔效应：也称为皮格马利翁效应或人际期待效应，是一种社会心理效应。这种效应指的是教师对学生的殷切希望，会在学生的学习成绩等方面产生效应。1969 年由美国心理学家罗森塔尔等在《课堂中的皮格马利翁》一书中提出。

在某一阶段不太行，并不意味着他这一生就全完了。出了问题没关系，我们把焦虑限定在可控的范围内，这样才能稳住情绪，从而更好地照看好孩子。如果孩子已经有了一定的自主能力，而父母还是把自己当作孩子的全世界、想要为孩子全权负责，那么双重焦虑下可能会将人压垮。这时的父母恐怕需要先去治疗自己的焦虑症，更别提抽身去帮助孩子解决问题。

其实小问题更是孩子给你的一个认识自己、反思自己和修复创伤的机会。很多时候，并不一定是你做错了什么，也并不一定是你伤害了孩子。恰恰相反，也许正是孩子感受到了你的爱，才表现出了一些正常的反应，然而习惯了用防御包裹旧伤的我们，却认为这些反应都是不正常的。

如果你的孩子做出了让你无法理解的事，或许你可以尝试回想一下自己在相同年龄段的经历，尤其是那些早已被尘封的记忆，甚至是那些连你自己也不愿意回想起的往昔。

你的孩子多半与你完全相反，或者因为补偿，又或者因为潜抑。

那么"有限责任"的界限在哪里呢？到底什么要负责，什么又可以不管呢？

界限就在最开始的那个故事里。父母在孩子的世界占多大的比重，就负多少责任，剩下的让孩子自己来负责。

婴儿阶段，大人是孩子的全世界，这个时候父母就要为婴儿负全责，因为婴儿是没有一丁点儿能力可以为自己负责的。幼儿阶段，孩子的世界里除了父母，开始出现朋友、同学、老师等其他人——虽然他们占的比重仍然很小。这个阶段，父母还是要负 90% 以上的责任，毕竟幼儿的自主能力仍然非常有限。随着孩子进入学龄期、青春期，孩子的世界变得更加广大、更加丰富，父母所要负责的部分也就相应减轻。

最后想和大家说的是，无论是在动物世界，还是在人类社会，负责任地抚育后代从来都不是一件容易的事情。我们每个人在养育孩子的过程中，不得不面对无数的挑战。其中，最让我们为难的挑战，往往就是我们自己最为脆弱的痛处。如能参透这个痛处，找回那个被遗失的自己，我们就能看清当前的困境，就能知道如何带领孩子离开困境。

为人父母是一场漫长的修行之旅，修的是自己强大的、持续前行的内心，行的是不断学习、不断更新迭代自我认知的旅程。

人际交往能力——
孩子心理健康的隐形盾牌

梁小萌

近年来，青少年心理问题频发，且趋于低龄化、严重化的趋势。在心理咨询中，我遇到的咨询对象多为青春期孩子，他们面临的问题复杂多样，涵盖学习焦虑导致的躯体症状、抑郁、情绪困扰等。这与社会整体焦虑水平上升有一定关系。家长有时会不自觉地将自身压力转嫁于孩子，形成家庭中的恶性循环。

因此，解决孩子的心理问题需要全家共同努力，不仅关注孩子个体，更要审视并调整家庭环境，以整体视角促进家庭成员间的理解与支持，为孩子的健康成长创造和谐的家庭氛围。

痛苦，只是孩子的痛苦吗？

6 年前的一个春日午后，初二少年 F（为尊重隐私，此处以字母代称）的母亲，带着满心的忧虑与不解，踏入了心理咨询室的大门。F 的故事，如同一曲未完待续的悲歌，自他踏入初中的门槛起便悄然奏响。

起初，F 只是偶尔有厌学情绪，并且伴随着到学校后的腹痛。父母误以为这只是成长的烦恼，是肠胃的小小抗议。他们未曾料到，这竟是暴风雨来临前的宁静。随着时间的推移，腹痛如同不速之客，频繁造访 F 的生活。请假成了 F 的家常便饭，从半天到一天，再到后来的两三天，F 与学校的距离似乎越来越远了。

母亲心急如焚，一次次请假陪同 F 穿梭于学校与医院之间，渴望找到一剂治愈腹痛的良药。然而，当母亲发现 F 的腹痛可以在家中不治而愈时，她在焦急中又夹杂了困惑与无奈，她认为 F 是在逃避，是在用这种方式对抗学习的压力。于是，母亲决定将 F 送回学校，却未曾料到，这一决定竟会将 F 推向崩溃的边缘。

那日，母亲驱车将 F 送至学校门口。F 在即将踏入校门的一刻，忽然剧烈呕吐，并晕倒在地。

经医院检查，F 患上了中度抑郁伴重度焦虑。母亲不敢相信曾经那个乖巧听话的孩子，竟陷入如此严重的心理困境。在短暂的崩溃之后，母亲迅速地调整了自己的情绪。她明白，现在需要的是理智与行动。于是，她决定寻求专业的心理咨询师和心理医生的帮助。

* * *

家庭的碎片，扎得孩子生疼

F 的母亲来到我的心理咨询室，诉说起 F 的成长经历。那是一个关于相依为命、关于沉默与孤独的故事。F 与父亲关系的疏离、父亲与母亲关系的微妙、家庭氛围的紧张……这一切的一切，如同一块块拼图，帮我逐渐勾勒出 F 内心世界的轮廓。

F 也向我倾诉，说他不喜欢上学，一想到要上学就觉得身体不适。他的无奈中似乎还夹着一丝歉意，他仿佛想说："我也没办法，真的很抱歉。"我尝试量化他的感受："如果给上学和不上学打分，满分 100 分的话，你分别给它们打几分？"他淡然地回应："不上学远超满分，给 120 分。上学是为了妈妈，我能勉强给 5 分，否则便是负数。"

他慢慢地告诉我他过往的经历。在幼儿园，他总是班上最后一个被接走的小孩。他记得冬日里天色渐暗，他孤自坐在教室里，凝望着家的方向，虽仅一街之隔，却觉遥不可及。母亲总是迟迟到来，让他觉得自己像是个"累赘"，给老师带去了很多麻烦。久而久之，他便渐渐地不喜欢去幼儿园，也不喜欢去学校了。

我问 F，他的家人当时是否知道这些事。F 摇头，像小大人一样轻叹："妈妈太累了,我不愿再给她添负担。她总夸我很乖,很省心……"后半句孩子没说下去,但我心里有些酸涩。

我问 F:"你感到孤独吗?"

他用冰冷的口气说:"习惯了。"

这三个字,沉甸甸地落在我的心头,让我感受到 F 身上那难以言喻的孤独感。

***

家人,我们真的理解对方吗?

F 回忆起初一那年的一个午后,他因肚子疼提前回家,路上偶遇一只孤苦无依的流浪猫。在妈妈的许可后,这只流浪猫成了家中的一员。F 为小猫取名,为它亲手搭建起温馨的小窝,这份"相依为命"的喜悦,让 F 倍加珍惜。

然而,好景不长。半个月后的一天,F 回家后发现他的爱猫已没了踪影。原来,父亲觉得 F 在这只小猫身上花了太多时间,在多次与 F 争吵无果后,父亲不顾 F 的意愿,偷偷地把小猫送走了。母亲明知这一切,却未加阻止。从那时起,F 心中那份难以言喻的孤独与防备又加深了。

F 从小到大没有朋友,好不容易有了自己心爱的玩伴流浪猫,还被父亲无情地送走了。自此,F 更加孤独,他将自己封闭在自我的小世界里，不跟他人说话，也常常不去上学。父亲打他、骂他，他就任由父亲打骂，只是全身心地沉浸在网络和游戏的世界里。他觉得，在那个世界里，好像还有人关心他、懂他。他离现实世界越来越远。

＊＊＊

他的家庭，是一个怎样的家庭？

在咨询过程中，我发现 F 以及他的父母身上均呈现出一个相同的特征，那就是：无社交。

F 父亲的成长经历可以用"被嫌弃的孩子"来形容。F 父亲五六岁时被过继给自己的大伯，大伯后来有了自己的孩子，就觉得 F 父亲不是亲生的，在 F 父亲十几岁时又把他送回亲生父母家。没想到，他的亲生父母也因为各种原因不想要他。无奈之下，F 父亲被送去跟爷爷奶奶一起生活，当时十三四岁的他觉得自己是"没人要的孩子"，没有人关心他，也没有人爱他。

F 父亲从小对他生活的环境充满了恐惧和怨恨，性格沉闷、不苟言笑。不稳定的生活经历导致他对世界和他人的信任极度缺失，他有着较强的防备心，与人相处时总是发生冲突和矛盾。在他成长的过程中，没有人引导他也没有人教他如何与人相处、如何与人交朋友、如何跟他人建立良好的社交关系。

F 母亲的成长经历虽然比爸爸略显温情一些，但也是在长期的"自我生长"的状态中度过的。F母亲的父母重男轻女，作为女孩，她在家庭中是被忽视的那一个。她又"乖巧、听话、不惹事"，因此父母很少关注到她，她也很少和父母互动，彼此间缺少情感的联结。在家之外的环境，F母亲因为自卑总是被同龄小伙伴欺负和排挤。久而久之，她便对交朋友、与人互动等人际交往缺乏兴致。用她的话说，她的童年"经常是一个人孤零零地待着"。这也让她早早地形成了一个人生信念："凡事只能靠自己，任何人都是靠不住的。"

这样的家庭组合，导致家庭中的氛围经常是沉默的、冰冷的、缺乏情感温度的。这让F很难从父母那儿获得他想得到的爱和关注。就像萨提亚说的，一个人永远给不出自己没有的东西。F的父母自己本身是缺爱的，也没有社交能力和意识。在养育F的过程中，他们自然而然地延续了自己的成长状态和模式，没有主动带F练习社交能力和人际交往的意识。F的父母自己不喜欢交朋友、不喜欢与人来往，这就导致家里很少有外人来访，家庭人员的相处模式过于简单和单一。

在对一个人成长颇为重要的三至七岁，F错失了在幼儿园交到好朋友的机会，出了幼儿园更是没有朋友和社会交往活动。F错过了与他人进行情感互动的关键成长期，让他难以感受和体验人际交往的乐趣。

在F成长的环境中，父母没有意识到"有朋友"这件事对孩子有多重要，因为他们自己就是孤独长大的孩子。父母自身社交技能的缺乏也导致他们没有能力帮助和带领孩子进行人际交往。因此，F父母也无法理解F为什么那么依赖那只小猫，他们不明白，人是需要情感支撑、需要人际互动关系的滋养的。

从F的家庭故事中我们可以发现，心理学界把青少年心理疾病称为"孩子是在替全家人生病"这一说法甚为贴切。

好在这个家庭还有求助的能力，好在看到孩子状态越来越差，父母进行了反思，好在孩子跟这个世界联结的通道还留有一丝缝隙。

在我的陪伴下，F和他的爸爸妈妈一起走过了一段漫长而艰难的疗伤之路。

经过长达一年半的心理干预，F的家庭逐渐走出了阴霾。他们经历了从面对创伤、释放情绪，到学习如何更好地管理情绪、表达情感，再到为生活注入新的活力的改变过程。慢慢地，F爱上了骑自行车，交上了好朋友，渐渐恢复了正常的校园生活。

在支持F恢复的过程中，除了整个家庭系统的调整和改变，对于F个人来说，最重要的是他打开了心扉，建立起了积极的、良好的、稳定的人际关系。

心理学研究证实：对于成长中的青少年来说，拥有人际交往能力、有朋友的孩子，出现心理异常的概率远远小于人际交往存在障碍、没有朋友的孩子。人际交往能力是保护孩子心理健康的一道保险杠。

＊＊＊

如何获得社交能力？

20世纪初，美国心理学家约翰·华生的行为主义心理学[1]以其严苛的育儿观念风靡全球。如"哭声免疫法"，主张将婴儿视为可训练的机器，却忽视了母婴间至关重要的情感联系。这一理论虽在短时间内受到追捧，但长远来看，却给无数儿童的心理发展埋下了隐患，甚至导致了许多心理疾病的发生。

随后，美国心理学家哈利·哈洛的母爱剥夺实验[2]犹如一记警钟，震撼了整个心理学界。实验表明，婴幼儿对母爱的渴望远超对食物的需求，母亲的抚摸、拥抱与及时回应是幼儿成长不可或缺的养分。哈

1. 行为主义心理学：行为主义学派是继精神分析学派之后出现的又一大心理学学派。行为主义学派由美国心理学家华生于1913年创立，该学派认为，人类行为是通过学习而来的。行为主义学派只关心当前的行为问题，着重探讨日常生活中的人类行为是如何产生的，而不像精神分析那样着重于分析潜意识的冲突。参见：叶扬. 中国社区矫正对象心理矫治教程[M]. 北京：中国法制出版社，2021:57-58.

2. 母爱剥夺实验：研究者将刚出生后的小猴子与母猴分离，交由两个人造的"猴妈妈"来抚养。其中一个代母用铁丝做成，胸前安置了一个可以提供奶水的橡皮奶头，是一个"有着无限耐心，可以24小时提供奶水"的母亲；而另一个代母则用绒布包裹，是一个"柔软、温暖"的母亲。结果发现，小猴子一天24小时之中有近18个小时与那只没有奶水却可以提供接触感的"绒布妈妈"在一起，而在可以提供奶水的"铁丝妈妈"怀里的时间仅有3个小时，其他时间则在两边跑来跑去。

洛的发现彻底推翻了华生的理论，强调了母爱在育儿中的核心地位。

在此基础上，英国发展心理学家约翰·鲍尔比及其学生玛丽·爱因斯沃斯进一步提出了依恋理论[3]，揭示了母婴依恋关系对个体成年后发展人际关系的重要影响。该理论划分了安全、焦虑、回避及混乱四种依恋类型，指出安全依恋模式能够培养出心理健康、人际关系和谐的个体，而其他类型则可能出现不同程度的心理困扰。

3. 依恋理论：依恋理论是以精神分析模型为基础的最有影响的理论发展之一，其代表人物是约翰·鲍尔比。该理论强调了早年关系的重要性，尤其是儿童建立依恋关系的方式。这些早年的依恋塑造了个体以后的生活体验，并且可能形成不同形式的精神病理现象。该理论的核心内容是母（照顾者）婴关系的重要意义和依恋行为的生物学基础。参见：吴泽涛. 戏剧表演心理学 [M]. 广州：广东人民出版社，2023: 317-318.

依恋理论强调，建立安全依恋模式的关键，在于父母对婴儿需求的敏感捕捉与积极回应，以及高质量的亲子互动。这一过程在婴幼儿早期尤为重要，因为错过了关键期，再想建立安全的依恋关系就会变得异常困难。

因此，对于现在的父母而言，了解并运用依恋理论，能够有效地把握孩子成长的关键时期，通过温暖的怀抱、及时的回应、亲密的互动，为孩子构建一个充满爱与安全感的成长环境。这也是培育孩子健康成长、形成良好人际关系的必由之路。

***

为孩子铸造健康的心理屏障

首先，照顾好新妈妈的心理需求：婴儿出生的第一年特别重要，这时孩子开始意识到自己是个独立的人，这就需要有一位情绪稳定、有爱心、脾气好的妈妈或照顾者。这样，孩子才能感到安全。如果照顾者能及时满足孩子的需要，孩子就会觉得放松、自在，就会信任这个世界，这也是孩子自信心的最早来源。

在孩子刚出生的头几年，爸爸的一个重要任务就是照顾好新妈妈，别让新妈妈太累，让她保持心情愉悦。因为很多妈妈在生完孩子后会感到一定程度的焦虑，会担心孩子的身体健康，会担心自己能不能带好孩子，会担心可能由此引发的家庭问题。如果家人不理解新妈妈的心情，不帮她分担，新妈妈就可能变得焦虑、无助。这样一来，她就很难照顾好孩子。

所以，在孩子出生的第一年，请给予新妈妈特别的照顾，这样会使孩子心理健康。

其次，母亲尽量不要跟孩子过早分离。对于孩子而言，妈妈的突然离开，即便是几天或一周，都可能让他们感觉像是陷入"漫长的缺失"，容易引发其内心的恐惧与不安。他们可能会变得胆小怕事，对陌生环境和人产生强烈的抵触情绪，甚至会通过大哭来表达内心的焦虑。

为了弥补这种母子分离带来的心理创伤，妈妈可以通过亲密的肢体接触——如拥抱和抚摸——重建与孩子的亲密联系。同时，妈妈可以用温暖而坚定的话语告诉孩子："妈妈永远爱你，会一直在你身边。"最重要的是，要给予孩子高质量的陪伴，全心全意地与孩子相处，让母子间的情感纽带更加牢固，从而逐渐平复孩子的焦虑情绪，补偿他们因分离而缺失的安全感。

再次，夫妻关系亲密，孩子在社交中才有安全感。因为，夫妻关系是亲子关系的基础。在咨询中，我遇到许多夫妻双方都试图跟孩子建立积极良好的亲子关系，彼此间却不建立联结的案例。孩子看似被爱包围，实则内心已现裂痕。孩子成为父母关系的黏合剂，背负起维护家庭和谐的沉重负担。这种状态会使孩子恐惧与父母分离，难以安心社交，甚至影响其自信与交友。

夫妻关系是亲子关系的基石。缺乏和谐夫妻关系的家庭，容易陷入争斗，令孩子左右为难、对自我产生怀疑。孩子需要父母双方的能量共同滋养，任何一方被否定都会削弱孩子的成长动力。

因此，家庭中应优先建立夫妻关系，以此为基础建立起的亲子关系方能更加稳固。家庭中夫妻的相互尊重与支持，是孩子勇敢前行的力量源泉。家，唯有作为一个和谐的整体，才能为每个孩子提供成长的沃土。

重要的两三岁：建立安全感和人际交往能力的关键期

在育儿路上，"可怕的两三岁"常让父母头疼不已。在这个年龄段，孩子变得固执、敏感，挑战着家长的耐心。美国心理学家玛格丽特·马勒强调，两到三岁是孩子心理发展的关键期——客体永恒性阶段，若母亲在这个阶段能成为孩子心中的稳定依靠，孩子未来的探索之旅将更加勇敢无畏。马勒认为，母亲的角色如同飞行基地，在孩子需要时及时给予他们安慰与鼓励，是他们飞向更广阔世界的坚实后盾。因此，家长应敏锐捕捉孩子的需求，并及时回应，同时培养他们的好奇心与勇气。这样，"可怕的两三岁"就能将转化为孩子的成长黄金期，为孩子未来的社交与人际互动奠定坚实的基础。

三至七岁是帮助孩子创立积极人际关系的关键时期。发展心理学的理论表明，儿童成长过程中出现社交需求是在 3 岁左右。有的孩子发展较早，社交需求会出现在 2 岁半左右，而大多数孩子在 3 岁以后才会出现对深度社交的需要。

在孩子三到七岁时帮助他们建立良好的人际互动关系，既可以满足孩子心理生长所需的情感互动，又可以通过反复地演练和实践帮助孩子掌握一些社交技能和方法。例如：交换玩具、给喜欢的小朋友送一些小礼物、真诚地表达自己内心的想法、找到同频的伙伴等等。

父母良好的人际交往能力会"延续"到孩子身上。在生活和工作中，我们发现那些人际交往能力弱或存在人际交往障碍的孩子背后往往有一对不善交际的父母。父母不喜欢社交或社交能力弱会影响到孩子的人际交往状态，在他们需要朋友、需要社交的年纪没有建立起基本的社交意识，也没有练习到人际交往的方法，这使得他们在人际关系中往往是逃避的、畏缩的，很少能体验到人际交往带来的乐趣。慢慢地，孩子会越来越孤独。在一些关键的时刻，如果没有朋友和同伴的支持，孩子就很容易发生内在崩溃。

建议父母在孩子需要人际交往的关键阶段，帮助孩子创造一个能够进行人际交往的社交环境。这样等孩子上了初中、高中，他们就可以主动去进行人际互动，交到朋友。

在孩子上幼儿园或小学时期，父母可以多观察一下孩子的同班同学，在同一班级里寻找和孩子兴趣相投、"同频"的小朋友，可以与对方父母相约在学校以外的环境进行互动，帮助孩子建立深入的同伴关系。孩子在同伴关系中体验的乐趣和成就感越多，对人际交往的兴趣也会越高。

为人父母是一场漫长的修行之旅，修的是自己强大的、持续前行的内心，行的是不断学习、不断更新迭代自我认知的旅程。在这段旅程中有作为父母的无奈和无助，也有作为陪伴者的喜悦、感动和美好。我们要时刻提醒自己，孩子的成长是一个动态的过程，我们要持续关注孩子的心理状态，不断调整自己的教育方式和家庭氛围。只有这样我们才能真正成为孩子成长路上的良师益友，陪伴他们走过人生的每一个阶段。

第三章

教育智慧·
点亮成长之路

***

林 伟

张言希

康海军

孙 飞

在孩子的成长道路上，家庭与学校犹如两盏明灯，
指引着他们走向未来。

自洽式教育

林 伟

　　在孩子的成长道路上，家庭与学校犹如两盏明灯，指引着他们走向未来。家庭教育作为孩子成长的起点，其重要性不言而喻。而学校作为孩子走向社会的桥梁，同样扮演着举足轻重的角色。然而，要想让孩子在健康的环境中茁壮成长，家庭与学校之间的紧密合作与相互信任是不可或缺的。作为在教育的田野上默默耕耘多年的教育一线工作者，我怀着诚挚的热情与无尽的期待，愿与每一位翻阅此书的读者、每一位深爱孩子的家长，一同深入探讨家庭教育的基石——统一的内部规则、家校共育的重要性以及家校共信的价值，希望通过我们的努力，共同为孩子铺设一条光明的成长之路。

家庭教育的基石：统一的内部规则

在家庭教育这片广袤的领域中，统一的内部规则是构建健康、和谐的家庭环境不可或缺的基石。家庭作为孩子最初的社会化场所，其规则的一致性和稳定性对于孩子的成长具有深远的影响。

尽管每位家长在教育孩子时都可能根据自己的性格、经验和价值观选择不同的角色和态度，但规则的统一性是至关重要的。这种统一性不仅体现在照顾孩子日常生活这些琐事上——如养成良好的作息时间、饮食习惯——更体现在对孩子的期望、建立的奖惩机制以及传递的价值观上。只有当父母在规则上达成共识、保持一致，孩子才能在一个清晰、明确的环境中成长，从而避免因为规则不一致而导致的困惑和冲突。

我曾深入地接触过一个 6 岁的小朋友，他的家庭就是一个典型的例子。由于父母在教育上缺乏沟通，家庭规则存在严重的不统一。这种不一致性让孩子感到极度的困惑和不安，他无法判断自己的行为是对还是错，也无法预测父母的反应。因此，他常常通过半夜尖叫、离家出走等极端的行为来表达自己的不满和焦虑。

深入了解后，我发现这个孩子其实非常聪明。他能够敏锐地观察家长的反应，利用每个家长的软肋来满足自己的需求。例如，当父亲严厉地批评他时，他会转向母亲寻求安慰；当母亲对他过分溺爱时，他又会利用这一点来逃避责任。这种不统一的家庭规则不仅让孩子感到困惑和焦虑，还让家长感到无力和疲惫。

因此，我们必须重视家庭规则的统一性。在制定家庭规则时，父母应该充分沟通、协商，确保双方对规则的理解和期望达成一致。同时，在执行规则时，父母双方也应该保持一致性，避免出现双重标准或偏袒的情况。只有这样，孩子才能在稳定、一致的环境中健康成长，形成健全的人格和价值观。

总之，统一的内部规则是家庭教育的基石。让我们共同努力，为孩子营造一个健康、和谐、充满爱的家庭环境吧！

＊＊＊

家校共育：统一规则，共筑孩子成长之路

当内部规则统一、稳定后，我们再来看看当孩子走出家庭来到学校，家校之间如何形成统一的规则。

家庭和学校是孩子成长的两大重要场所，它们各自承载着不同的教育使命，却又紧密相连，共同影响着孩子的全面发展。然而，在实际的教育过程中，家庭与学校之间规则的不统一却往往成为制约孩子成长的阻碍。

当孩子在学校接受了系统的教育和培训，养成了良好的学习习惯和行为规范时，他们往往期待在家中也能得到同样的支持和认可。然

而，如果家庭与学校的规则不统一，孩子在学校养成的良好习惯往往在家中得不到保持，甚至会遭到质疑或否定。这种"五加二小于五"的尴尬局面不仅让孩子感到困惑和挫败，也让他们难以形成稳定的行为模式和价值观。

造成这种局面的原因有很多，其中最主要的原因之一是家长和学校在教育理念和教育方法上存在差异。家长往往从个人角度出发，根据自己的经验和价值观对学校提出要求或意见；而学校则是站在广大多数学生的角度，综合考虑各种因素来制定规则。这种差异导致家长在表达意见时，往往难以充分理解学校的立场，从而影响了家校之间的沟通和合作。

想要解决这个问题，家长在表达意见时就理应更加理性、客观，并倾听及尊重校方的意见。家长需要充分了解学校的办学理念、教学目标和管理规定，理解学校制定规则的初衷和目的。只有当家长对学校的整体运作和教育理念有了清晰的认识，才能有效地与学校进行沟通，才能支持学校的教育教学，为孩子营造一个更加和谐、稳定的教育环境。同时，家长也应该尊重并维护学校和老师的权威性，不要轻易质疑或否定学校的决策。毕竟，亲其师才能信其道，只有家长和学校形成合力，才能为孩子创造更好的成长环境。

除此之外，家长和学校之间还应该加强沟通和交流。家长可以定期参加学校的家长会、座谈会等活动，了解孩子在学校的表现和成长情况；学校也应该及时向家长反馈孩子的学习和生活情况，听取家长的意见和建议。通过加强家校之间的沟通和合作，我们可以共同制定更加合理、科学的教育方案，为孩子创造更加健康、和谐、美好的成长环境。

总之，家校共育是孩子成长的重要保障。只有家庭和学校形成合力、统一规则、共同关注孩子的成长和发展，才能为孩子创造更好的成长环境，让他们在未来的道路上走得更加稳健、自信、成功。

家长能够在思想意识上和学校保持一致，将有助于家校之间建立坚实的信任关系。下面，我们就从家校共信的角度出发，看看家校如何共筑孩子的成长道路。

＊＊＊

家校共信：信任学校的专业性，共筑孩子未来之路

家长在孩子的成长过程中扮演着至关重要的角色，与此同时，他们同样需要深刻认识到，学校和教育系统是建立在专业知识和实践经验基础之上的。学校，不仅是一个传授知识的场所，更是一个由众多专业人士经过深思熟虑后精心构建的教育生态系统。

从课程设计到教学方法，从教育理念到实践策略，学校的每一个环节都凝聚了教育工作者们多年来的心血和智慧。这些教育工作者均经过师范院校的系统化、专业化的培训，不仅掌握了扎实的教育理论，还具备了精湛的教学技能。他们深谙孩子的成长规律，擅长根据每个

孩子的特点激发他们的学习兴趣，并深知如何全面培养他们的综合素质。同时，学校还为他们提供了丰富的实践机会和可持续的职业发展支持，不断更新教育理念，提升教学水平，以确保他们能够紧跟时代潮流。

此外，学校是在国家教育部门严格的监督管理和指导下运行的，这确保了学校开展的每一项教学活动都遵循国家的教育政策和法律法规，从而确保教育教学的公平性和教育质量的卓越性。这种制度化的监管模式，促使学校的教育工作更加规范、科学、有效。因此，家长应该对学校的专业性予以充分的信任，相信学校和老师能够为孩子提供最优质的教育。这种信任不仅是对学校和老师的尊重，更是对孩子的未来负责。

当然，这并不意味着家长不能提出自己的意见和建议。相反，家长应该积极与学校和老师沟通，分享自己对孩子成长的期望和关注。唯有如此，家校才能形成合力，共同关注孩子的成长和发展。只有家长和学校相互信任、相互支持，才能共同为孩子创造一个更加健康、和谐、美好的成长环境，才能携手为孩子的未来规划蓝图。

我记得在30多年前，我的学生里有一个体格健硕的孩子，他的体育成绩非常突出，因此他的父母坚信他应该走上体育的道路。然而，这个孩子的内心深处却对体育并无太多的兴趣，他更向往艺术的殿堂。幸运的是，我在学校里注意到了这个孩子对艺术的热爱和他的艺术潜力。在家长只关注体育发展而忽视孩子兴趣的时候，作为老师的我，决定为孩子创造一些艺术发展的条件：我鼓励他参与学校的艺术活动，为他提供艺术指导和支持。渐渐地，孩子的艺术天赋得到了充分的展现和发挥。后来，这个孩子凭借自己的努力和才华，成功地走上了自己喜欢的艺术之路。

这个例子深刻地展示了家校合作的重要性。家长往往只了解孩子在家庭中的一面，而学校老师则有机会更全面地了解孩子，发现他们的潜力和兴趣所在。只有家长和学校密切合作，我们才能共同为孩子铺设一条更适合他们的成长之路。

家长与学校的密切合作，犹如拼图游戏中两块可以完美契合的拼图，共同绘制出孩子成长的完整画卷。只有双方齐心协力，才能准确分析孩子自身的特点，激发和守护他们的兴趣，为他们的未来铺设坚实的基石。在这个科技引领的创新时代，未来的社会越发重视孩子的创造力，而非过分依赖机械刷题的应试技巧。创造力如同为孩子的梦想插上飞翔的翅膀，而兴趣则是点燃孩子创造力的火花。因此，家长与学校的任务，就是要细心地观察孩子，从他们的日常表现中发现其兴趣所在，并加以引导和培养。家长了解孩子在家庭生活中的这一面，而学校老师则洞悉孩子在学校生活中的另一面，只有当这两方面的信息合而为一，我们才能更全面地认识孩子，才能更准确地把握他们的成长需求。让我们携手共进，共同关注孩子的兴趣，激发他们的创造力，为培养未来的创新者贡献力量。

***

教育的真正意义：习惯与品质重于学业成绩

在教育的道路上，我们往往容易陷入一个误区，那就是过分看重孩子的学业成绩，而忽视了对孩子的习惯、性格和品质的培养。然而，真正的教育应该更加关注这些内在的品质，因为这些才是决定孩子未来能否成功的关键。

也是在 30 多年前，我还遇到过这样的一位学生：他的学习成绩并不理想，甚至可以说是很差的。他有时还喜欢打架，但我经过仔细分析，发现他打架并不是无理取闹，而是常常出于对弱者的帮助，带有一种行侠仗义和打抱不平的精神。面对这样的孩子，我并没有放弃他，而是尝试去理解他、引导他。

由于他的学习成绩不好，考高中对他来说是个难题。于是，我建议他参军入伍。当时我还开玩笑说，他要是当了兵，全国人民都有安全感了。没想到，这个建议改变了他的人生轨迹。在部队里，他凭借自己的侠义精神、勇敢无畏和吃苦耐劳的品质，取得了很好的发展。他晋升为士官，并在部队里树立了良好的形象。复原后，他选择了自主创业，虽然只是一个小本生意，但他凭借自己的努力和诚信，逐渐将生意做得有声有色。

如今回想起来，倘若当时我们只将给目光聚焦于他的学业成绩，那么很可能会错过这样一位有潜力、品格出众的军人。因此，我们应该更加重视对孩子习惯、性格和品质的培养，让他们在未来的道路上更加坚定、自信地前行。

希望每个家长都能深切领悟教育的真正意义远远超越了学业成绩，它更关乎孩子内在的品格修养。

*　*　*

引导与成长：从生物小博士到好莱坞导演

在我 30 多年的教育生涯中，我邂逅了许多性格迥异、兴趣广泛的学生。其中，有一位学生的经历给我留下了深刻的印象，他的故事让我更加坚信引导对于成长的重要性。

这位学生非常调皮，他经常带着各种奇特的生物来到学校，如拔了牙的蛇、断了翅膀的鸟，甚至是一铅笔盒的土鳖虫。他的这些行为让老师和同学们非常头疼。尽管这样，我并未因此对这个孩子有所偏废或放弃，而是更加坚定地用爱心和耐心去理解他、引导他，给予他公平的机会和有力支持，帮助他成为更好的自己。

我鼓励他深入探索生物的世界，并在班级里为他设立了"生物小博士"的称号。这不仅激发了他的学习热情，也让他的生物学科取得了显著的进步。与此同时，我注意到他在其他学科上存在的不足，尤其是英语。他是一点儿英语都不学，几乎每次英语考试都是交空白卷，有时还会在试卷上写一行汉字："我是中国人"。

面对这样的困境，我依然没有退缩。我尝试用各种方法去引导他，激发他学习英语的兴趣，但他总是表现出抵触和逃避的情绪。然而，我并没有因此气馁，而是继续寻找适合他的教育方法。

经过一段时间的努力，我发现他对表演艺术产生了浓厚的兴趣。于是，我建议他不妨尝试将爱好融入表演艺术中，创造属于自己的艺术风格。随着时间的推移，他的才华逐渐得到了展现，他的作品在校园里引起了广泛的关注和赞誉，他也因此找到了自己的方向和目标。最终，他凭借自己的努力和才华，成功迈进了好莱坞的大门，成了一名导演——当然，他的英语学习难题也迎刃而解，现在他已经能够流利地说一口地道的英语了。

这位学生的故事让我深刻地体会到引导对于成长的重要性。每个孩子都有自己独特的天赋和兴趣，只要我们用心去发现和引导，他们就能在未来的道路上大放异彩。同时，这个故事也告诉我们，不要轻易放弃任何一个孩子，因为他们每个人都有可能成为未来的明星和领袖。

＊＊＊

伙伴之旅：与孩子并肩同行

在孩子的成长过程中，家长的角色至关重要。然而，我们往往容易陷入一个误区，即过分关注孩子的学习成绩，而忽视了与他们建立深厚的情感联系。事实上，成为孩子真正的伙伴，是陪伴孩子成长的重要一环。

首先，作为孩子的伙伴，我们要成为他们生活的参与者，成为他们生活上的伙伴。这意味着我们要与孩子一起经历生活的点点滴滴，无论是日常的琐事还是特殊的节日活动，都陪伴孩子一起度过。我们可以和孩子一起做饭、打扫卫生、逛街、旅行等，让孩子感受到我们的陪伴和关爱。这样的互动不仅有助于增进亲子关系，还能让孩子学会如何面对生活的挑战。

其次，我们要成为孩子的文体伙伴。每个孩子都有自己的兴趣爱好，无论是打球还是画画、唱歌、跳舞，作为家长，我们应该积极参与到孩子的文体活动中，与他们一起享受运动的乐趣和艺术的魅力。这不仅能有效地培养孩子的多元智能，还能促使我们更加了解孩子的喜好和特长，为他们的未来发展提供更多的可能性。

此外，我们还要成为孩子的对话伙伴。与孩子进行真诚的交流是建立亲子关系的关键。我们应该时刻保持开放的心态，认真倾听孩子的想法和困惑，给予他们真诚的建议和鼓励。通过对话，我们可以了解孩子的内心世界，帮助他们解决问题，同时也让他们感受到来自家长的支持和信任。

最后，我们要成为孩子的阅读伙伴。阅读是拓宽视野、提高思考能力的重要途径。作为家长，我们应该与孩子一起阅读书籍，分享书摘，讨论书中的内容。这样不仅能增进亲子关系，还能培养孩子的阅读习惯和阅读兴趣。与孩子一起阅读，我们也能更加了解孩子的阅读偏好，发现孩子的兴趣所在，从而为他们提供更多的阅读资源和建议。

总之，成为孩子真正的伙伴需要我们付出更多的时间和心思。我们不仅要关注孩子的学习成绩，更要关注他们的情感需求和内心世界。通过与孩子建立深厚的情感联系，我们可以更好地引导他们成长、帮助他们解决问题、培养他们的兴趣爱好和多元智能。

＊＊＊

培养孩子的自信心：从创造成功体验开始

在孩子的成长过程中，自信心的培养也是至关重要的一环。然而，许多家长在尝试培养孩子的自信心时，往往会陷入一个误区：过分地鼓励和赞美孩子，却缺乏实质性的支持和引导。事实上，真正的自信心并非仅仅来自口头上的"你能行"或"加油"，而是需要孩子在实际中体验成功，从而逐步建立起来的。家长引导孩子建立自信时，可以从以下两方面入手：

首先，家长需要认识到，每个孩子都是独一无二的，他们拥有各自不同的特点和优势。在培养孩子的自信心时，家长应该根据孩子的个性和兴趣，为他们创造适合的成功体验。例如，对于一个性格内向、不擅长社交的孩子，家长可以鼓励他参与一些小组活动或团队游戏，让他在与他人的互动中逐渐克服害羞和紧张，体验与人交流的乐趣以及团队协作带来的成功。

其次，家长应该关注孩子的成长过程，及时发现他们的优点和进步，并给予积极的反馈和鼓励。当孩子取得一些小的成就时，家长应该及时表扬他们，让他们感受到自己的努力得到了认可。同时，家长也应该在孩子遇到困难和挫折时给予支持和帮助，让他们明白失败并不可怕，只要坚持不懈、努力进取，就一定能够取得成功。

此外，在培养孩子建立自信心的过程中，家长还需要注意避免一些常见的错误。例如，过分地强调孩子的不足和缺点，或者过分地将孩子与其他人进行比较。这些做法会让孩子感到自卑和无助，从而阻碍他们自信心的建立。相反，家长应该关注孩子的成长和进步，鼓励他们发挥自己的优势和特长，让他们在成功的体验中逐渐建立起自信心。

总之，培养孩子的自信心需要家长付出耐心和努力。通过创造适合孩子的成功体验、关注孩子的成长过程、给予积极的反馈和鼓励，我们可以帮助孩子逐步建立起自信心，让他们在未来的学习和生活中更加自信、勇敢地面对各种挑战。

***

心灵互通：家长与孩子沟通的小技巧

家长与孩子之间的沟通，是建立和谐亲子关系的重要桥梁。良好的沟通不仅能够增进彼此的了解，还能促进孩子的健康成长。以下是我根据多年家校教育经验总结出来的一些家长与孩子沟通时应该注意的小技巧。

首先，家长要认真对待孩子的要求。当孩子向父母提出自己的需求时，如孩子说"我想打球"或"我想看电影"时，家长应该给予充分的关注，并做出回应。不要忽视孩子的需求，更不要轻易拒绝或敷衍。要让孩子感受到自己在家庭中的重要性，以及他们的需求是被重视和尊重的。这样的沟通方式能够增强孩子的参与感，让他们更加愿意与家长分享自己的想法和感受。

其次，给孩子自己做选择的机会。在孩子的成长过程中，他们需要学会独立做出选择和决策。因此，遇到需要做选择的情况时，家长应该将选择权交还给孩子，优先征求孩子的意见。这样不仅能够让孩子感受到自己的权力和自由，还能培养他们的独立思考和决策能力。当然，家长也需要给予孩子一定的指导和支持，确保他们的选择是合理和可行的。

此外，家长与孩子沟通时还需要注意一些细节。

第一，不要嘲笑孩子。孩子的内心敏感而脆弱，他们需要得到家长的鼓励和支持。如果家长嘲笑孩子的想法或行为，就会让孩子感到沮丧和失望，从而影响他们的自信心和积极性。

第二，要学会倾听。与孩子沟通时，家长应该耐心倾听孩子的想法和感受，不要打断或插话。通过倾听，家长可以更好地了解孩子的内心世界，从而更好地满足他们的需求。同时，倾听也能够让孩子感受到家长的关注和理解，从而增强与家长的亲密感。

第三，家长要保持平和的心态。与孩子进行沟通时，家长需要保持冷静和理智，不要因为孩子的言行而情绪失控。如果家长情绪失控，会让孩子感到害怕和不安，从而影响他们的心理健康。因此，家长需要学会控制自己的情绪，保持平和的心态与孩子沟通交流。

总之，家长与孩子之间的沟通需要掌握一些小技巧。通过认真对待孩子的需求、给孩子自己选择的机会、不嘲笑孩子、学会倾听以及保持平和的心态等，我们可以与孩子建立更加和谐、亲密的亲子关系。

相信从我的以上叙述中，家长们定能自悟出一些教养孩子的方法，孩子要成为什么样的人，不是我们家长的个人意愿决定的，而是需要我们悉心观察他们拥有什么样的天赋。我们常说，陪伴才是最好的爱，至于如何陪伴孩子，相信通过我的阐述，家长应该理解做孩子的伙伴是至关重要的。同时我希望家长能够理解家庭与学校是孩子成长的两大支柱，两者之间的紧密合作与信任是孩子成功的关键。家庭需要为孩子营造一个健康、和谐、充满爱的成长环境，而学校则需要为孩子提供专业、科学、系统的教育支持。只有当家庭与学校形成合力、统一规则、共同关注孩子的成长和发展，才能为孩子创造一个更加美好的未来。让我们携手并进，用爱心、智慧和努力共同托起孩子的明天！

阅读，如同一位智慧的导师，它无声无息地走进孩子们的生活，用文字的力量塑造他们的心灵世界。

如何让孩子爱上阅读

张言希

数字化浪潮汹涌而来，我们的生活也正在被重塑。它犹如一幅绚丽的画卷，无论你我接受与否，它都在浩瀚的历史长河中徐徐展开。特别是在教育的领域，年轻的学子们如今正面临着前所未有的就业压力，竞争已深入到社会的各个领域。

与此同时，人工智能如一颗冉冉升起的新星，以不可阻挡之势改写着传统行业的命运。记得2022年，万科"崔筱盼"横空出世，谁能想到，她竟是一位由人工智能精雕细琢的虚拟佳人。她以极高的工作效率技惊四座，甚至摘得"万科年度最佳新人奖"的桂冠。这如同向平静的湖面投下了一颗石子，激起人们对人工智能未来的无限遐思。

曾几何时，艺术创作如同天上的星辰，好的作品更是有如神来之笔。而如今，AI[1] 轻松便能涉足其间，无论是编写音乐、拍摄电影还是绘制如梦如幻的画卷，AI 都展现出了令人拍案叫绝的艺术天赋。

1.AI：Artificial Intelligence，人工智能的意思，英文缩写为 AI。人工智能是智能学科重要的组成部分，它企图了解智能的实质，并生产出一种新的能以与人类智能相似的方式做出反应的智能机器。人工智能是十分广泛的科学，包括机器人、语言识别、图像识别、自然语言处理、专家系统、机器学习、计算机视觉等。

在人工智能带来巨大变革的时代背景下，我们身为父母，应当积极调整对孩子的教育方式。其中，尤其应当重视阅读教育。我们可以看到，阅读为孩子推开了一扇扇通往广阔天地的大门，与书中的英雄豪杰同呼吸共命运，在历史的长河中感受岁月的沧桑。阅读不仅是孩子汲取知识的甘泉，更是塑造他们丰富情感、敏锐思维和无限创意的魔法石。在人工智能的时代洪流中，这些宝贵的素养将助力孩子扬帆远航。要在这个风云变幻的时代中保持核心竞争力，阅读无疑是一种良好的方法。正如"携书如历三千世，无书唯度一平生"，阅读对孩子适应未来社会、实现个人价值具有重要意义。让孩子爱上阅读，可以夯实人生基础，完善底层逻辑，培养兼收并蓄的能力，近可影响学业成绩，远可使人生更为充盈。

你看不见的红利，被谁抓住了？

阅读对于孩子成长的重要性是每个家庭都深信不疑的。然而，尽管这种认知已经普遍存在，但各个家庭对阅读的重视程度却大相径庭。孩子的成长在家长不同重视程度和不同投入程度的影响下，悄然发生变化，最终发展成不同的生命轨迹，展现出迥异的性格特质。

其实，阅读不仅仅是一场知识的盛宴，更是思维的深度锻炼。当孩子的思绪在字里行间游走，他们需细细地品味作者的弦外之音，精心梳理人物间千丝万缕的关系，深入分析文章的精妙结构，甚至要学会站在不同的立场评判是非曲直。

朋友的孩子在高考中取得了700多分的优异成绩。问及取得高分的秘诀，朋友坦言，得益于孩子长期且大量的阅读积累。朋友从幼儿启蒙阶段开始，就为孩子引入了丰富的阅读内容。在孩子的成长过程中，阅读习惯得以保持，从未间断。即使朋友出差，也会提前录制音频，让孩子在听书中享受阅读的乐趣。

青岛学霸陈思宇的经历也印证了阅读的重要性。在高考后的经验分享会上，他用"竹篮打水"巧妙地形容阅读对一个人的影响：竹篮虽存不住水，却在打水的过程中洗净了自身。阅读也是如此，潜移默化地洗涤心灵，拓宽视野。

陈思宇深信，读书是提升见识、提高素养、拓宽知识面的有效途径。

通过阅读，他接触到多元的思想、文化和历史，培养了批判性思维和创新能力。这些能力对应对学习的挑战和未来社会的考验至关重要。

从陈思宇的经历我们可以发现，阅读是孩子成长不可或缺的基石。它不仅支撑学业，更能引领孩子探索未知，实现自我超越。阅读关乎知识的获取，更关乎灵魂的塑造与成长的飞跃。正如俞敏洪所言，阅读能力的提升意味着独立思考能力的增强，这对孩子的一生至关重要。

如今，阅读在教育领域的地位越发重要。研读国家教育部门的相关政策，我们不难发现，语文在九年义务教育三大主科中的地位正稳步攀升。这不仅仅是一门学科主科地位的提升，更是对孩子思维能力和文化素养进行全面培养的重要体现。

以 2023 年高考语文全国乙卷作文为例，其主题涉及个体与群体、局部与整体、小气候与大环境等辩证关系。这样的题目设计，不仅考验了孩子们的语文功底，更要求他们具备深刻的思考能力和独到的见解。而这些能力和见解，离不开平日大量的阅读积累和高阶阅读方法的引导。

***

为什么爱阅读的孩子好像更听话？

父母都想要一个听话的孩子。所谓"听话"，绝非简单的盲从，而是思想的成熟与价值观的内化。它意味着孩子不仅具备了独立思考的能力，更构建起了与社会正向价值观相契合的思维体系。这样的孩子，既愿意敞开心扉倾听他人的声音，又具备倾听自我内心回响的能力，保持着一份难能可贵的自省与自觉。这便是阅读赋予的"潜藏红利"，是一种超越文字表面，深植于心灵与智慧深处的丰厚馈赠。

阅读，是深刻的情感共鸣之旅。在浩瀚的书海中航行，孩子们如同勇敢的探险家，在书中邂逅各色鲜活的角色，经历曲折的情节，他们的心随着故事情节的起伏而跳动，体验着喜怒哀乐的情感交织。在这一过程中，孩子们学会了如何感知不同的情绪，那份同理心和情感共鸣的能力，在每一次翻页间悄然生长。

阅读让孩子仿佛进入了五彩斑斓的词汇世界，每个词汇都如同一颗种子，在他们的心田生根发芽。日积月累的阅读让这颗种子茁壮成长，最终变成语言之林里的一棵参天大树。阅读引领孩子穿越时空，与历史对话，与未来相遇，与虚构的角色共情。孩子可以以书为镜，照见真实的自己。当一个孩子翻开《地球史诗：46亿年有多远》，他仿佛乘坐时空穿梭机来到史前，了解地球的起源、生物的演化、地质的变迁；当他翻开《少年读史记》，孩子仿佛能听见战马奔腾，感受历史风云；当他翻开《三体》，孩子仿佛来到未来世界，领略科技的神奇魅力。通过阅读，孩子的想象力不断被激发，在脑海里创造出一个又一个奇幻的世界。

记得有一次，我们家老大读了《我想养一只鸭子》，他就开始想象自己拥有一只小鸭子会怎样。他的脑海中浮现出这样的画面：他与小鸭子在球场上尽情地踢球，感受奔跑的快乐；与小鸭子在轮滑比赛中一决高下，享受速度带来的激情与快乐；他们还一起漫步海边，享受夕阳下的宁静与自在。这些充满奇思妙想的画面，为孩子插上了想象的翅膀，让他们在知识的世界里勇敢地翱翔。

阅读，还是一堂专注力的修炼课，需要孩子的视觉、听觉、触觉等多种感官一齐投入。在阅读时，孩子需要集中精力，细细品味文字的魅力，推理情节的发展。这种专注力的培养，是孩子的一笔宝贵财富，让他们在学习中更加游刃有余。

然而，阅读的意义不止于此。在阅读中，孩子的人格得以被塑造，他们的综合素质与文学素养也在无形中得到了提升，他们可以从阅读中领略科学与艺术的无穷魅力。书籍成了孩子成长道路上最珍贵的伴侣与导师。

阅读不仅对孩子有益，家长也同样能从中受益。我们不仅可以通过阅读了解不同领域的知识，还能培养多元的思维方式和综合能力，从而拥有更广阔的视野、更开放的心态和更具批判性的思维。

作为父母，我们应该认识到共度阅读时光是增强亲子关系的有效途径。在当下快节奏的生活中，父母与孩子共读不仅能增进彼此的了解，还能让心与心的距离更贴近。

孩子 9 岁前是陪伴阅读的关键期。这时的孩子如同海绵，广泛地吸收着周围世界的各种信息。作为他们最初也是最重要的引导者，父母应当特别珍惜这段与孩子共同度过的愉快的亲子阅读时光。

孩子爱不爱阅读，与我们有关

在孩子阅读时，父母不应只是旁观者，而应是温暖的陪伴者。尤其对6岁以下的孩子，建议父母抱着孩子共读，让这份亲密给孩子带来安全感。这样的陪伴不仅能加深亲子间的纽带，还能让孩子对阅读产生积极的情感。亲子共读时，父母可以与孩子探讨书中内容，进行提问或引导思考，这种互动不仅能激发孩子的思维与创造力，还能增进亲子交流。

我之所以更推荐"抱着阅读"，是因为这不仅是一种简单的阅读形式，更是一种情感的纽带和智慧的传递。在中国，一项由《幼儿画报》杂志社联合国内千余所幼儿园进行的"幼儿家庭读书环境调查"显示，绝大多数孩子都渴望家长能陪伴自己阅读，他们都很享受搂抱共读的乐趣。然而，现实却是只有少数父母能做到这一点。这提醒我们，孩子的成长需要父母的共同参与，而亲子阅读正是拉近彼此距离的绝佳方式。

提及阅读推广，就不得不提及我的挚友宋文京。他不仅是书画、藏书、艺术评论界的佼佼者，影响力广泛，而且在阅读推广方面也为社会无私地做出了很多贡献。宋文京不仅自己热爱阅读，更将这份热爱融入对孩子的教育中。他极为重视孩子的阅读教育，致力于推广阅读文化，曾向青岛黄海学院捐赠了上千箱图书，鼓励学子们多读书。

宋文京的双胞胎女儿才华横溢。大女儿宋寒儿自中央美术学院美术史系本科和硕士毕业后，继续在该校人文学院攻读博士学位，之后在中国石油大学任教；小女儿宋露儿则从复旦大学中文系毕业后，进入清华大学人文学院中文系攻读博士学位。在小女儿步入复旦求学时，宋文京赠予她一本绘本，寓意阅读是人生旅途中不可或缺的伴侣。

女儿们取得的卓越成就，离不开宋文京对阅读教育的深刻认识和持续陪伴。他坚信阅读是智慧的源泉，在孩子们的成长关键期始终陪伴孩子遨游书海。他鼓励孩子们博览群书，同时也不忘带领她们走出书房，领略大千世界的精彩。家庭旅行时，他总会带领孩子参观博物馆，让她们通过实地观察和亲身体验更直观地了解历史风貌和风俗文化，丰富她们的文化底蕴和历史知识。这正是他践行"读万卷书，行万里路"的育儿哲学之真实写照。

受到好友的影响，我在家里也践行阅读教育，并深感亲子共读的重要性。每当我在家里和孩子们一起围坐在地板上，相互依偎着共同翻阅绘本时，那种温馨和愉悦是无法言喻的。过去的 3 年里，我们共读了 1500 多本书，不仅丰富了孩子们的知识，也提升了他们的阅读能力。如今，哥哥已能自主阅读，妹妹也对读书充满热情。我们曾在 5 天的假期里共同完成了 77000 余字的阅读任务，一起享受阅读的乐趣。

除了共读，我还强调阅读后的输出。我鼓励孩子多写书评并分享读书体会，这不仅促进了家庭成员之间的交流，也加深了我们对作品的理解。亲子阅读让我们的家庭氛围更加和谐，也为孩子们的成长增添了乐趣。

为了让阅读更加有趣，我带领孩子一起尝试分角色朗读。以《小王子》为例，我和儿子分别扮演小王子和狐狸，用不同的声音和语调诠释角色。这种阅读方式不仅培养了孩子的语言表达能力，也让他们更加热爱阅读。为了记录这些美好的瞬间，我们使用了猫头鹰图书馆的小程序，将分角色朗读的过程进行录音保存，成为我们宝贵的回忆。

此外，定期举行家庭读书会也是我们亲子阅读的重要环节。每周三晚上是我们家固定的家庭读书会时间，我们全家人会围坐在餐桌旁，进行 30 分钟的自主阅读，然后轮流分享阅读感悟。有时，我会引导孩子为绘本或小说续写故事，激发他们的想象力和创造力。家庭读书会的形式多种多样，我们可以根据孩子的想法和实际情况来创新。

如何将家庭读书会开展得有声有色呢？我为大家分享一些小建议。

一、量身精选书籍：依据家人的阅读偏好和年龄，挑选适宜的书籍，可涵盖经典文学、畅销小说及科普读物等，让阅读体验更加丰富。

二、分享阅读感悟：在家庭读书会上，每个家庭成员都要分享阅读心得，还可以设置问答环节，激发彼此间的思想碰撞。

三、设置互动环节：家长可以为孩子设计如角色扮演、故事接龙等趣味互动，这样可以提升家庭阅读会的乐趣，提高家庭成员的参与热情，增进亲子间的亲密程度。

四、设立奖励机制：为了激发孩子的阅读热情，家长可以设立一定的奖励制度，通过设立阅读排行榜、阅读闯关升级、阅读积分制度等，鼓励孩子持续阅读。不过，奖励孩子要讲究策略，既要符合孩子的兴趣和需求，又要具有激励的作用。孩子受到肯定和鼓励时，他们的阅读意愿会更强烈，从而让阅读成为一种真正的享受。

场景化的阅读活动也是陪伴孩子阅读的良好途径，不仅能激发孩子的阅读兴趣，还能让他们在愉快的氛围中深入理解文化的多样性，学习丰富的知识。记得有一次，孩子们兴奋地提出想看《满江红》这部电影。我灵机一动，跟他们说："如果你们能把岳飞的《满江红·写怀》背下来，我就带你们去看电影。"没想到，这种把阅读和奖励巧妙结合的方法还挺管用，孩子们兴致勃勃地投入到背诵任务中。

电影结束后，我们还一起围坐在沙发上，讨论起了电影和诗词之间的关联。我问他们："你们觉得电影里的哪些场景和诗词描写的意境最贴切呢？"孩子们纷纷发表自己的看法，交流中，我发现他们对中华文化的理解和感悟更深入了。这样的时刻，让我觉得特别温馨和有意义。

当然，我们也可以鼓励孩子大声朗读，让孩子将自己的情感融入其中。让孩子与文字产生共鸣，不仅有助于培养他们的共情能力，还能提升他们的感性思维能力。最重要的是，这样也是鼓励他们勇于展示自己，帮助他们树立自信。

家长应当努力将阅读融入日常生活的方方面面，让它成为孩子学习生活不可或缺的一部分，而不仅仅局限于书本和课堂。比如，在规划旅行时，我们可以引导孩子通过阅读旅游攻略去探索未知的世界，使每一次出行都充满惊喜与收获。这样的阅读体验，不但可以让孩子学到新知识，还能激发他们对生活的热爱和好奇心。

＊＊＊

想让孩子爱阅读，试试这些小诀窍

在进行阅读教育时，我们可以采取逐步深入的方法。首先，从简单易读的书籍入手。就像"先摘软柿子"的道理一样，短小精悍的读物能够迅速地激发孩子的阅读兴趣，帮助他们逐步树立阅读的信心。

在家里，父母要为孩子营造一个充满书香的环境，比如将客厅一角布置成阅读小天地，让孩子在温馨的氛围中享受阅读的乐趣，这样的沉浸式阅读体验对他们阅读习惯的养成大有裨益。

作家莫言先生曾强调，要给予孩子广阔的阅读空间，他认为在中学阶段，应给予学生更多自由阅读的时间，鼓励学生根据自己的兴趣选择读物，只要内容健康向上即可。这种自由的阅读方式能激发学生的阅读热情，让他们在阅读中感受到知识的力量，这份阅读的积累也将成为他们人生中的宝贵财富。

在当下快节奏的社会中，碎片化时间被越来越多的人用来学习知识、充实自我。如何高效地利用碎片化时间成为提升学习能力和自我成长的关键。作为家长，我们应科学地引导孩子利用好碎片化时间，让孩子在日常生活中积累知识，提升阅读效率。我分享给各位家长如下这些小诀窍，希望帮助孩子建立碎片化阅读的习惯。

一、交通时间变读书时光：在孩子上下学路上或家庭出游时，鼓励孩子携带轻便书籍或使用电子阅读器阅读。特别是每日往返学校的路上，不妨让孩子多背诵诗词，让每日的交通时间充满意义。记得在大女儿的幼儿园毕业典礼上，她以一首声情并茂的《琵琶行》诗朗诵震撼了在场的每一个人，这不仅是她才华的展现，更是她在每日往返路途上坚持不懈、日积月累所取得的成果。

二、生活中处处是阅读空间：引导孩子将阅读融入生活的每个角落，无论是在餐厅等餐还是在公园休息，抑或去博物馆参观，都可以随时开启阅读模式。

三、坚持记录：播种一棵树需要日复一日地浇灌，阅读同样需要每日"浇灌"。家长可以鼓励孩子做个小小探险家，用笔记录书中的精彩之处；家长也可以作为孩子的探险助手，帮助他们一起提炼书中的精华。同时，还可以让孩子摘抄书中的精彩词句，这不仅是语言的积累，更是心灵的滋养。

最重要的是，阅读不仅要看到文字表面呈现的内容，更要看到文字背后所蕴含的深刻的思想、丰富的情感及广阔的世界。家长要鼓励孩子展开想象，与书中的角色同悲共喜，让阅读成为他们探索世界、理解生活的窗口，而不仅仅是提高成绩的工具。比如，同样读《云》这首诗，我带着两个孩子——上幼儿园大班的张嘉诺和上小学二年级的张一甲，展开了不同角度的仿写：

原作：	张嘉诺仿写：	张一甲仿写：
云是最干净的 最宽最舒服的床 云是比贝壳还亮的 大帆船 云是飞走的 妈妈的白手帕	云是柔软的纸巾 擦干我伤心的眼泪 云是一个大被子 我只想在上面睡个懒觉 云是大大的棉花糖 我一看到云 我想一下子把它给吃掉	云是妈妈手里的一块面 包出了各种饺子、包子 和馒头 云是雨的妈妈 她把她的孩子雨送给大 地上的小花小草 云又是一只只信鸽 从遥远的地方给我们送 来幸福

　　有些孩子不爱阅读，家长大可不必太过焦虑。阅读兴趣和习惯的培养需要时间与耐心，关键在于如何找到开启阅读之门的钥匙。

　　家长要做孩子的阅读领路人，即使自己不是书虫，也要在孩子面前展现出对阅读的热爱。我建议每个家庭都要建立全面而系统的阅读计划。家中若有多个孩子，千万不要错过这个得天独厚的家庭优势，可以以大带小，共促成长。带领孩子从小目标逐步到大目标，积少成多，一起进步。

　　家长还可以在家里试试为孩子"量身定制"阅读挑战，具体做法如下。

一、定期读书分享会：建议2~8岁的幼童每天都要读书；9~12岁的孩子可以每周读完一本书；13~15岁的青少年学习压力较大，可以每月精读一本书。家长可聆听孩子的阅读心得，发现他们的兴趣所在。

二、打造"阅读地图"：为孩子打造一幅阅读地图，无论是童话中的魔法森林，还是真实世界里的历史遗迹，每完成一本书的阅读，就让孩子在这张阅读地图上留下痕迹。

三、主题阅读：设定一个主题，比如，"恐龙世界的奥秘""探索神奇的太空""梦幻的童话王国"等，让孩子根据主题选择书籍，这样有利于他们深入地探索某一领域。

四、带着问题去阅读：在开始阅读前，可以抛出几个问题让孩子思考，在阅读过程中，他们会化身小侦探在书中寻找答案，这样可以激发他们的好奇心与探索精神。

五、利用外部资源激发阅读兴趣：带孩子参加书展、作家讲座等活动，让他们亲身体验阅读的魅力。有时候，一次与文学的小小接触就能点燃孩子心中的阅读之火。

父母在培养孩子阅读时，不应过于追求短期的成效。如果父母过于追求立竿见影的效果，急于看到孩子阅读量的增加或语文成绩的提升，很可能会让孩子对阅读产生压力，继而产生抗拒的情绪。阅读是一个循序渐进、潜移默化的过程，它不仅能够丰富孩子的知识体系，更能够塑造他们的品格和世界观。因此，父母应该给予孩子足够的自由和空间，让他们在阅读中自由探索、独立思考，而不是急于求成，用功利的心态去衡量阅读的效果。

英国剧作家、诗人莎士比亚有一句话："书籍是全人类的营养品，生活中没有书籍，就好像没有阳光；智慧里没有书籍，就好像鸟儿没有翅膀。"阅读，如同一位智慧的导师，它无声无息地走进孩子们的生活，用文字的力量塑造他们的心灵世界。它不仅是一种获取知识的手段，更是一种生活方式、一种情感表达、一座与世界对话的桥梁。在这个信息化、网络化的时代，我们更应该珍视阅读的力量。阅读能够帮助我们筛选、提炼和吸收有价值的信息，使我们在纷繁复杂的世界中保持清醒的头脑。

在本书中，我分享了许多实用的方法和策略，从陪伴阅读到鼓励阅读，再到引导阅读，每一步都蕴含着我们对孩子的爱与期望。我希望这些方法能够帮助更多的父母引领孩子走进阅读的世界，让他们在书的世界里畅游、探索、成长。

最后，感谢每一位读者的陪伴，我们一起走过了这段探索"如何让孩子爱上阅读"的旅程。让我们一起成为孩子阅读的引路人，用我们的智慧和爱点燃他们心中对知识的渴望和对世界的好奇。愿每一个孩子都能在阅读的道路上找到属于自己的那片星空，绽放属于他们的独特光芒。

在后学科时代，学历不再是衡量一个人
价值的唯一标准，能力才是关键。

后学科时代的家庭教育

——要高分更要好未来

康海军

在过去的 20 余年间，中国犹如一列飞驰的列车，经历了高速发展的阶段。随着时代的发展，传统的教育观念和方法也面临着新的挑战，家庭教育需要适应新的社会现实，探索新的教育视野。

* * *

大学毕业一定就有"好未来"吗？

对于不少中国家庭而言，从小给孩子灌输的理念往往是"要好好学习，考高分，考大学，才有好未来"。然而十年寒窗，大学毕业就一定会有"好未来"吗？可能并不一定。

20 世纪 50 年代到 20 世纪 80 年代，大学生对于中国社会而言如同稀世珍宝。大学生毕业后，大多能享受到优渥的福利待遇，那个年代考上大学几乎就意味着拥有了"铁饭碗"。

然而，随着改革开放的深入和大学生数量的逐渐增长，传统的包分配制度逐渐弱化，直至退出历史舞台。自主择业成为新的趋势，但大学生的就业优势依旧显著，在职场上依然备受青睐。

直至进入 21 世纪后，大学生的就业形势才日益严峻，竞争压力倍增。面对如此困境，不少大学生开始主动提升自己的实践能力，通过参加各类实习、项目实践等积累经验。同时，他们也积极拓展自己的职业技能，考取多种相关证书，力求在严峻的就业市场中为自己争得一席之地。

面对较为严峻的就业形势，我们不得不思考为什么会出现这种情况。在我看来，出现这种情况可能源自两个方面：一方面是"供过于求"，另一方面则是"供不应求"。可能有人会说，这两方面本身就是矛盾的，其实不然。

我所说的"供过于求"是指高速增长的毕业生人数远超用人单位的需求人数。自全国高考总录取率跨越至 85%（部分地区的录取率直逼 95%）这一重要里程碑以来，这一变革性的发展虽然为更多学子提供了接受高等教育的机会，但同时也为社会带来了一系列深远的挑战。尤为显著的是，高校毕业生人数急剧攀升，宛如一股不可阻挡的洪流，冲击着就业市场。毕业生数量的激增，无疑加剧了求职者的竞争压力，使得每一个岗位都成为众多求职者争相追逐的宝贵资源。

而"供不应求"则是指大学培养与社会需求之间的结构性供需差异巨大。在科技发展日新月异的今天，颠覆性技术不断涌现，新观念、新理念持续产生，许多毕业生在踏入社会后，发现他们所学的知识和技能已经无法满足市场的实际需求。这种知识结构的滞后性和技能的脱节不仅让毕业生在求职过程中屡屡受挫，更让他们在未来的职业发展中遭遇到一定困境。

因此，家长需要在家庭教育中更加关注孩子的综合素质与适应能力。在后学科时代，知识更新速度加快，技能迭代周期缩短，单一的专业知识已难以满足未来职场的需求。相较于孩子的学习成绩，家长更要注重培养孩子的创新思维、批判性思维、沟通能力、团队协作能力等综合素质。同时，家长还应帮助孩子树立正确的职业观念和价值观，引导他们根据自己的兴趣、特长和社会需求，选择适合自己的职业道路。

在后学科时代的家庭教育中，我们需要以更加开放和包容的心态去面对新的挑战和机遇。通过培养孩子的综合素质与适应能力，帮助他们在不断变化的社会中站稳脚跟，让他们既能灵活应对未知的困难，又能敏锐地捕捉潜藏的机遇，从而真正实现全面发展，迎接更为美好的未来。

***

后学科时代社会更需要创新型人才

孟晚舟女士曾说："未来学习知识已经变得不再重要，纯粹以知识积累为目的的教育方式，已经没有办法去满足智能时代的需求。"

随着人工智能技术的飞速发展，我们已经踏入了一个全新的时代。在这个时代里，就业图景日新月异。传统的学历观念正在逐渐淡化，取而代之的是对个体能力的高度重视。

这也让我们不得不思考，在此变革的时代背景下，要想成为时代创新的引领者，应该具备哪些素质。目前来看，有四大类职业展现出了卓越的抗风险能力与不可替代性。

一是创造性职业。创造力，这一融合了独特思维、艺术表现与创新解题能力的综合能力，正成为人类智慧的璀璨明珠。艺术家、作家等专业人士，他们凭借无尽的想象力与丰富的情感，不断推动着文化艺术领域的边界向外拓展。他们的作品充满了人性的温度与灵魂的深度，是机械与算法在短期内难以企及的高峰。

二是社交和情感导向职业。作为社会性的生物，人类拥有独一无二的能力——搭建情感桥梁、深入他人内心世界。从事医生、心理咨询师、教师等职业的人员，正是拥有这一能力的杰出代表。他们以人文关怀为舟，穿梭于复杂的情感与关系网中，用细腻的同理心回应着每一份情感需求。这种温暖与智慧的结合，是机器在短期内难以企及的。

共好創書

本书集结24位作者的真知灼见，引领您迈向教育的自洽之路。让每一份爱都能为家庭带来滋养，让每一步精进都能带来成功和喜悦。

跨越理论迷雾，
启迪个性绽放

陈昭希

投资10+企业
高级健康管理师
心理疗愈师

所有的困境都是未疗愈的创伤

擅长：心理疗愈

单晓颖

传播学博士
获得中科院心理所心理咨询师
培训合格证书
以自己为方法，践行家庭教育

好的家庭教育始于
给孩子一个和谐温暖的家

擅长：青少年媒介素养教育

付婷

好书共创品牌联合创始人
刺猬心理品牌主理人
助力数十位家庭教育从业者完
成课程体系打造

帮助10000人成为畅销书作者，影响1000万家庭。

那些优秀的人，其实像星星一样，在属于他/她的领域闪闪发光。好书共创联盟的使命就是找到他们、联合他们，从而让他们的光照进更多人的世界。于是，我们通过共创一本好书的方式，让24个人聚在了一起。随着一本又一本好书的出现，这些点点星光就汇聚成了闪耀的银河，被你看见，也试着看见你。

如果你也想加入，
随时欢迎你的到来！

好书
共创

周丽瑗

心理咨询与指导专业博士
心理学作家
国家二级心理咨询师

我只提供灵魂的解药

擅长：亲密关系、女性成长

王茜

高考志愿规划师
职业生涯规划师
家庭教育指导师

规划，让高考事半功倍

擅长：升学规划

冯华

海外升学规划师
AFP金融理财师
蔚来国际商务咨询公司创始人

*规划的意义就在于
把未来的不确定因素降到最低*

擅长：身份规划

韩艳

青岛果糖魔音文化传媒联合创始人
浙江传媒大学播音主持专业研修
持有上海戏剧学院儿童表演主持
教师资格证

父母是孩子最好的老师

擅长：影视后期制作

王一萍

5岁男宝妈妈
社会心理服务专员
家庭教育指导师

家庭教育，爱与引导并重

擅长：社会服务

孙萍萍

深耕茶道文化培训行业20余年
中国茶疗联盟副秘书长
编写《银行厅堂 茶道商务礼仪
三部曲》获"我是好讲师"系列
大赛全国总决赛优秀精品课程

赏茶观心，茶道即家庭教育之道

擅长：身心茶疗并轨双行

如果您在家庭教育和个人成长方面
遇到了任何问题，都欢迎扫码联系各位老师，
他们将为您提供专业的咨询与支持。

于海朋

好书共创品牌创始人
青岛出版集团 | 匠声 总经理
帮助10000人成为畅销书作者

是非即成败

擅长：出版融合

翟小宁

中国当代教育名家
中国人民大学教授、博士生导师
原人大附中校长、北京市特级教师

孙睿

齐鲁名校长
山东省青岛第九中学党委书记
礼贤教育集团校长

秦启庚

上海市心理学会副理事长
马来西亚华人教育董事会特聘专家
个人首创中国基础教育心理实验室

熊辉

澳门城市大学教授
临观心理创始人
易经十年班课程主理人

姜倩莉

北京大学应用心理学硕士
向日葵心理健康研究院院长
执业20年帮助万余家庭走出人生
困境

助力生命成长，绽放人生光芒

擅长：儿童青少年问题解决

林伟

全国教师培训突出贡献专家
山东省新长征突击手、教学能手
家庭教育先进工作者

做有温度的教育

擅长：地理教育、亲子教育

蔡玲玲

优势心理学培训讲师
个人成长及心灵导师
新知成长山东发起人

平凡人也有高光时刻

擅长：儿童优势发现分析

杨芳

"灵润馨语"心理工作室创始人
妇联心理专家库特聘专家
10年执业，5000+个案经验

所有的经历，
终将成为你前行的动力

擅长：亲子关系、情感咨询

蔡文芳

曾奇峰工作室独家心理师
家庭教育指导师教材编委成员
德国埃里克森催眠学会认证催
眠师

真正的勇气是敢于面对
心灵的成长之痛

擅长：精神分析　心理动力学
咨询

mailto:caiwenfanggz@163.com

梁小萌

青少年心理疏导咨询师
10年心理咨询经验，个案数2000
北京市妇联心理专家库特聘专家
讲师

微光暖心，照亮自己，温暖他人

擅长：家庭系统治疗

张言希

"书行中国"品牌发起人
猫头鹰图书馆创始人
猫头鹰助学公益服务中心发起人

让孩子爱上阅读，
让阅读惠及每个家庭

擅长：科技赋能全民阅读

康海军

大型教育综合体实战运营专家
15年全学科跨界运营经验
领导200+管理咨询师团队

教育不止于孩子和老师，
是每个人的一生

擅长：企业管理咨询

孙飞

《中国家书文化大系》丛书编委
中国当代语文教学专业委员会优
秀校长
全国"高效读写"总课题组青岛
基地负责人

做温暖人心的教育

擅长：编撰家书　成长规划

飞鸥妈

12年绘本馆馆长经验
亲近母语中级阅读师
家庭教育指导师

亲子关系是孩子成长、
成人、成才的稳固根基

擅长：绘本教育

黄霞

青少年心理咨询
西雅教育咨询创始人
莞盈教育咨询股东

打开内心密码，
解锁人生无限可能

擅长：青少年心理咨询

伍思羽

国家二级心理咨询师
音乐疗愈导师
琴韵愈心女性成长空间主理人

帮助万千女性　跨越心灵困境

擅长：音乐疗愈　认知行为疗法

三是高度复杂性和战略性的职业。在错综复杂的社会环境中，面对变幻莫测的未来趋势，一些人展现出了卓越的综合分析能力与战略远见。战略投资人、企业战略规划师、高级职业经理人等，凭借深厚的专业知识与丰富的实践经验，综合考量多重因素，为企业制定出具有前瞻性的战略规划。这份高超的判断力与领导力，是当前人工智能所难以匹敌的宝贵财富。

　　四是需要具备创业和企业家精神的职业。创业之路虽然布满荆棘与挑战，但也孕育着无限的可能与机遇。真正的创业者以创新思维为剑，以风险管理为盾，巧妙整合各类资源，开创出前所未有的事业天地。尽管 AI 能够提供海量数据与决策支持，但创业过程中那股敢于梦想、勇于实践的企业家精神，以及对市场、社会、人性的深刻理解与独到洞察，却永远为人类所独有。这些创业者不仅推动了社会经济的繁荣与发展，更是推动了时代的进步。

　　综合上述四种职业，我们可以得出一个结论：在后学科时代，学历不再是衡量一个人价值的唯一标准，能力才是关键。这里的创新型人才不仅是指高科技人才，还包括在各个领域能够为社会带来改变和进步的人才。我们可以看到，一些人虽然没有高学历，但能凭借自己的专长和能力获得了很高的成就。比如，手工艺人和非遗文化传承人，他们通过技术创新和技艺传承获得认可，在默默坚守文化传承与精研技艺的过程中，实现了自我价值的升华，也让古老的中华文化瑰宝在现代社会熠熠生辉，延续中华民族千百年的精神脉络。

家庭教育更应注重培养综合素质

正如上述所说，教育领域正经历一场深刻的变革，并且这也是我们当下深刻需要的变革：从以"学科知识传授"为核心的传统教育体系，逐步迈向以"实践创新与能力培养"为主导的新时代教育体系。这一转型不仅是对教育体系的重构，更是对教育理念、教育方法乃至教育目标的全面革新。在这一过程中，家庭教育承载着培养孩子综合素质的重要责任，其重要性愈发凸显。家庭环境犹如一方独特的土壤，滋养着孩子创新思维的萌芽与能力发展的根基。父母作为孩子的第一任老师，他们的言传身教、教育方式以及营造的家庭氛围，都将直接影响孩子能否适应这场教育变革，进而决定了孩子能否在新时代教育体系下充分挖掘自身潜力，实现全面发展。

因此，作为孩子成长道路上的重要引路人，父母对于当前教育理念的认知深度将在很大程度上影响孩子的学习轨迹与未来前景。特别是在人工智能技术席卷全球的今天，家庭教育的内容也需要与时俱进。一方面，家长要引导孩子学会与人工智能协作共生，利用其提升学习和创新效率；另一方面，家长要培养孩子具备在人工智能时代难以被替代的人文素养、批判性思维和社交沟通能力，如此才能让孩子在未来的竞争中脱颖而出。

具体来说，我认为家长可以从以下三个方面努力来提升孩子的综合素养：

一是生活自理能力。生活自理能力，就是处理日常生活中的衣食住行等基本事务的能力。从孩子小时候起，家长就应该有意识地培养他们的这种能力。比如，让孩子自己洗袜子、整理书包、整理衣物，这些都是关于"衣"的教育。在这个过程中，孩子不仅学会了如何穿戴衣物，更重要的是，他们还理解了"生活即教育"的真谛。在"食"的教育方面，待孩子长到一定年龄后，让他学会做饭等关于"食"的技能。在现代社会，烹饪技能依然是一种重要的生活能力，它不仅仅关乎生存，更是生活艺术的体现。关于"住"，则要求孩子保持居住环境的整洁与干净，物品摆放有序。这不仅关乎个人卫生，也体现了对生活的尊重与热爱。至于"行"，是指孩子需要学会合理规划自己的出行路线，无论是本地出行还是外地旅行，都能够制定合理的计划并执行。这种规划能力的养成，对于孩子未来的学习和工作都将大有裨益。

总之，"衣食住行"的每个方面都是培养孩子生活自理能力的关键。这些能力不仅关乎他们的生活质量，更预示着未来的幸福指数。一个懂得生活的人，才能创造幸福的家庭。因此，家长应该针对不同年龄段的孩子，有意识地培养他们的生活自理能力，而不是固守"孩子只需要学习，其他事务无须操心"的"唯学习论"思想，代劳其生活琐事。家长应将"自己的事情自己做"这一理念变成孩子的自觉行动，这样不仅能够减轻家长的负担，还能让孩子在未来的生活中更加游刃有余。

二是生存自立能力。它分为三个层次：首先是生存意识的觉醒，其次是生存实践，最终是实现真正的生存自立。

从小学阶段开始，我们就应该向孩子灌输生存意识。这意味着他们需要明白上学并非外界强加给他们的任务，而是他们需要肩负的责任。生存意识的培养至关重要，因为它将引导孩子将所学的能力，尤其是学习能力，转化为将来独立生活的基石。

接下来是生存实践。我们应该鼓励孩子参与各种实践活动，如参加义卖、当志愿者等，让他们了解如何通过自己的努力赚钱，并学会用这些钱去做自己想做的有益之事。这个过程对于孩子来说非常重要，因为它不仅能够帮助孩子理解金钱的价值，还能够培养他们的社会实践能力，也是他们走向独立的重要一步。同时，在这些实践活动中，孩子难免会遇到各种挫折与困难，比如物品卖不出去、计算失误导致收入受损等，这些恰恰是锻炼孩子挫折承受能力的好机会，能帮助他们学会在困境中调整心态、寻找解决办法，从而更加坚韧地走向独立生存之路。

生存自立是孩子在未来社会中立足的根本。除上述所提及的能力外，生存自立还要求孩子拥有较强的自我管理能力等。这涵盖了时间管理、情绪管理等多个方面。在时间管理上，孩子要学会合理分配学习、实践活动以及休息娱乐的时间，确保各项事务都能有条不紊地进行，提高学习和生活的效率。而在情绪管理方面，当遇到挫折、压力或者不愉快的事情时，孩子要能够正确地识别自己的情绪，并运用合适的方法进行调节。比如，通过运动、倾诉等方式排解负面情绪，保持积极乐观的心态。良好的自我管理能力能让孩子在独自面对生活时依然可以保持自律和健康的生活状态，有力地支撑其走向真正的生存自立。

综上，我们可以通过灌输生存意识、提供生存实践的机会以及最终实现生存自立，帮助孩子在探索与创造中锤炼自我，积累宝贵的经验、锻炼生存的技能，以更好地适应未来的社会。

三是生命自洽能力。生命自洽是指个体在生命过程中实现自我和谐与价值升华的状态。面对中国社会的大变革和全球化的浪潮，家庭教育更应引导孩子树立正确的世界观、人生观、价值观，帮助他们找到人生的方向与生命的意义，从而在纷繁复杂的世界中活出自我，实现生命的和谐与价值的升华。

每个人都有自己的天赋和特长，这些天赋决定了孩子在哪些方面能够实现自己的人生价值。因此，我们无须与他人进行无谓的比较，而应该把目光聚焦在孩子自身的优势和潜力上。我们要用心去发掘孩子独特的闪光点，根据其天赋特长为他们提供适宜的成长环境和发展机会，让孩子能在自己擅长的领域里尽情施展，成就独一无二的人生轨迹。

对于孩子来说，家长应该尊重他们的天赋和兴趣，而不是逼迫他们追求高分、好学历和好学校。家长应尊重孩子自主选择的权利，为孩子提供丰富多样的活动和体验的机会，这些体验可涵盖艺术、体育、科学、手工等各个领域。例如，家长可以带孩子去参加各类兴趣体验活动，参观博物馆、艺术展览、科技馆等，让孩子接触到各种各样的事物，从而拓宽他们的视野，使其能够发现自己真正感兴趣的方向。同时，家长应鼓励孩子积极探索感兴趣的事，肯定孩子的点滴进步，让孩子感受到自己的努力被认可，从而更有动力深入地探索兴趣领域。在孩子追求兴趣爱好的道路上，有时难免会遇到各种困难和挫折。这时就需要家长陪伴在孩子的身边，鼓励他们勇敢面对。比如，当孩子参加少儿编程兴趣班时，如果遇到了程序运行出错的问题，家长可以和孩子一起分析原因，引导孩子思考解决办法，并且告诉孩子遇到困难很正常，这也是学习和成长的机会，只要坚持下去，就能找到解决问题的方法。

我们还要多带孩子"走出去"，引领孩子探索世界。通过旅行、阅读、观看纪录片等方式拓宽孩子的视野，让他们了解文化的多样性与差异性，从而建立正确的世界观。有实力的家长还可以陪伴孩子探访名校，带孩子参观知名学府，感受浓厚的学术氛围，这将有助于孩子树立正确的价值观导向，激励他们努力学习、追求卓越。如有机会还可以带领孩子走进名企，鼓励孩子参与社会实践、职业体验等活动，让他们体验职业角色、感受企业文化，这将有助于塑造孩子积极向上的人生观，还能在游玩中培养职业理想，为他们未来的职业生涯奠定良好的基础。

通过以上方法，让孩子去感受世界、经历社会，助力他们的成长，帮助他们成为既有独立生活能力，又能在社会中独当一面的人才。

总之，面对快速变化的世界和日益激烈的竞争环境，家庭教育应跳出传统的学科界限，以更加宽广的视野和灵活多样的方法去激发孩子的潜能。家长应当成为孩子的引导者和支持者，不仅要关注孩子的知识积累，更要重视其情感、智力、创新思维、社会责任感等综合素养的提升，为他们铺设一条通往幸福的道路。

真教育应该是人格的塑造、情感的培育、
智慧的启迪。

让真教育"回家"

孙 飞

　　"教育"一词在中国最早可以追溯到战国时期《孟子·尽心上》的"得天下英才而教育之"。在西方，"教育"一词源于拉丁文，有"引出""导出"之意。不过，在教育中我们可能会走进没有尽头的教育迷宫，迷失方向，找不到"对"的那条路。现在，就让我们一起探寻迷失之因，尝试回归教育的正途，真做教育，做真教育。

＊＊＊

把控方向是家庭教育的基础

　　我遇到过一个案例，一个 6 岁的小男孩生病了，他不仅出现咳嗽、发烧的症状，还嗓子发炎，几乎说不出话来。孩子的姥姥和姥爷遵照医嘱，准备给孩子向口中喷一种消炎药，用以缓解其嗓子的疼痛。没想到平时打针吃药从不费事的孩子却强烈拒绝。孩子的爸妈也想了很多方法，希望孩子能好好配合，然而收效甚微。

孩子爸爸找到了我。当时，他看上去十分焦急，因为孩子的病情逐渐严重，孩子姥爷准备强行给他喷药，这个举动导致孩子又哭又闹。烦躁和不安之下，孩子爸爸也出现了嗓子发炎的情况。

孩子爸爸详细地跟我陈述了这件事的前后经过，我问他："谁在孩子身边的时候他哭得更厉害？"

孩子爸爸回答："姥姥在的时候。"

我说："那我教你三个步骤，你回去试试吧。"

我教给孩子爸爸的三个步骤是这样的：第一步，让孩子的姥姥、妈妈暂时离开孩子的视线，把孩子引导到一个安全、熟悉的环境，由爸爸单独和孩子一起做游戏；第二步，爸爸寻找机会问清孩子不愿意喷消炎药的原因，启发孩子喷药是为了帮他治病，同时爸爸可以采用游戏的形式向孩子说明喷药可以减轻的疼痛，这会让孩子感到更易接受；第三步，让孩子尝试当自己的小医生，试着给自己喷药，爸爸还可以告诉孩子他的嗓子也不舒服，问孩子能不能也帮他喷喷药。

听了我的三个步骤，孩子爸爸疑惑地问我："这个办法能行吗？"

我说："你多尝试几次，会有收获的。反正现在也没有其他更好的办法了。"

7天后，那位爸爸约我再次见面。他一见我就高兴地说："我儿子的嗓子好了，他自己能喷药，还每天帮我喷呢。"我问："你的嗓子好了吗？"他说："好了！经历这次事件，还跟孙老师学了一招。"他还跟我说，孩子是因为害怕喷药时发出的声音，所以一直哭闹。

也许大家会问，为什么家人劝导了这么久都不管用，而这三个简单的步骤就能解决问题呢？这是因为一个小孩子抗拒某件平常事，十之八九是心不安。孩子表面上是抗拒喷药这件事，实际上很可能是因为内心缺乏安全感。

对于上幼儿园的小男孩来说，什么样的教养方式会让他的内心更有安全感呢？是打骂说教、批评警告，还是家人的陪伴？毋庸置疑，家人温暖的陪伴能让他的内心慢慢建立起一种安全感。孩子内心的安全感往往来自"被需要的感觉"。因为被需要，孩子才有勇气迈出体验的第一步。所以，当爸爸和孩子一起游戏，并在游戏中细询孩子的感受，告之爸爸也需要他的帮助时，孩子就会感受到被关心、被需要，内心生发出的安全感会让他知道"喷药"是安全的，被爸爸需要的"被需要感"会让他乐于学习"喷药"这个技能并帮助爸爸。

所以，在我们养育孩子的过程中，要牢记家庭教育的基本常识。有时我们并不是在方法上出了问题，而是在方向上出了问题。如果方向错误，即使方法再正确，结果也只是在错误的道路上越走越远，最终无法解决问题。如果我们努力的方向是把孩子往外推，采取的方式是控制或强制，孩子的心就会越来越不安；而当我们用三个简单的步骤把孩子往回拉，家长主动陪伴、主动示弱，让孩子找到被需要的感觉，孩子的心就会与家人越来越近，他会感觉到自己被需要、被温暖，自然也就心安无惧了。

一个方向是往外推，一个方向是往回拉，两个方向很可能会产生两种不同的能量，也会塑造出两种不同的人生。

＊＊＊

帮助孩子向下向内生长

我平时会和好朋友定期见面，品茶夜话，既能沟通感情，又能畅谈未来。因为我是教育从业者，有时好友们也会向我咨询一些关于子女的教育问题。

一位好友的女儿上小学二年级，孩子刚刚适应了学校教育的节奏。但他却和我说，他似乎很难适应家长角色的转变，不知道该怎么严慈有度，家庭成员对孩子的教育理念、教育方式更是不统一。于是，我对他说："一个人的成长离不开三方面的力量，即家庭教育、学校教育、社会教育。而家庭教育和家庭文化对孩子的成长具有深远的影响。"于是他回顾起自己的成长经历，的确感受到家庭文化在潜移默化地影响着他的观念和言行。但是苦于第一次为人父母，到了自己孩子的教育问题上，竟不知该怎么落地。我告诉他一个具体的办法。

第一步：回顾家族长辈在生活中常说的话，把那些平凡、朴素的语言提炼出来作为家训。第二步：与家族长辈反复沟通，将家训变成书面语言，并邀请身边擅长书法的好友写下来，与孩子交流这些家训背后的故事和意义。第三步：将家训悬挂于家中醒目的位置，定期与孩子一起诵读，交流心得。

等我们再次见面时，好友已经将梳理好的家训放在我面前。内容如下：

顶天立地，问心，依善而为。

孝长顺亲，家居，敬情让理。

怀古纳川，行间，得舍清淡。

日子一天一天过，孩子一天一天长。一年后的一次交流中，他跟我说孩子产生了根本性的变化，像大树生了根，而且根越扎越深。他说有一次他们父女俩去爬山，女儿向他述说了近期在学校里交友时遇到的小烦恼，他引导女儿用家训中的话来解决问题。女儿思考片刻说："怀古纳川，行间，得舍清淡——要先保持良好的心态，看看问题的根源是什么，再一点一点去解决问题。"当女儿说出这番话时，作为父亲的他欣慰地笑了，他知道家训之根已深埋于孩子的心底。

他女儿五年级时，我建议他更进一步，让孩子采访家中长辈，记录整理家族历史，形成家书并出版。目前，家书已经完成八个章节，总计约80000字。他跟我说："我妈妈也是做教育的，这本家书让'教育'回家了。"

我常常会思考：怎样为孩子的未来成长注入一股持久的力量，这股持久力量的源头在哪里。我想，家庭文化建设是孩子成长的根源，相较于帮助孩子向上向外成长、注重短期效果、追求快速成功，或许更重要的是帮助孩子向下向内扎根、注重长期蓄力、着眼持久幸福。用优良的家风、家教培育青少年，让孩子与家中长辈重温那些有血有肉、有温度有养分的家族故事，让孩子站在家族长辈的肩膀上，获得源源不断的生长的力量。

***

家庭教育中的问题往往在于亲子关系

我还接触过一个初三的男孩，那时他即将迎来中考。他常常记不住基础知识点，这大大影响了他备考的信心。在距离中考还有 6 个月时，这个孩子的父母找到了我。孩子爸爸认为儿子记忆力不好，主要是遗传原因。孩子妈妈认为儿子不够努力，背东西不认真，还经常玩手机，做作业时也三心二意。我发现，孩子的父母在教育子女的理念上分歧很大。

我让孩子父母创造机会见到了孩子本人。经过两个小时的沟通交流，我发现这个孩子的思辨能力较强，背东西时总要追问为什么。同时，孩子对父母的沟通方式比较抗拒，不喜欢父母指导自己的学习，尽管他也承认父母的"教学水平"很高。这导致他们的亲子关系非常紧张，在家庭中埋下了一颗颗"定时炸弹"。随后，我分别与孩子和他的父母进行了沟通，最终促使这家人达成如下方案：

一、在孩子备考期间，父母以"情绪陪伴""后勤助手"等角色为主。比如，做好一日三餐、发现孩子情绪不佳时予以疏导等，并注意在这个阶段尽量减少对孩子学习的"教师式指导"。

二、转换学习方式，让孩子自主学习，还可以请孩子当"小老师"，把他学习到的内容讲给父母听。

三、每日做学习总结时，引导孩子感受自己的学习成果，给他营造"我的记忆力很不错"的成就感。

朋友的孩子在备考的 6 个月里，不仅体验了当"小老师"给父母讲课的成就感，还主动放下手机，排除干扰，备考复习。最重要的是孩子改变了以往的观念，在他们亲子间的交流中，他自信地告诉父亲："我的记忆力确实很好。"中考发榜时，我收到了孩子爸爸发来的好消息，他的孩子以优异的成绩被当地最好的高中录取了。孩子爸爸说："孙老师，在这 6 个月里，我们做父母的好像并没有费多大劲，但又好像承受了很大的压力。"我对他说："父母就是这样，像水——利万物而不争；像大地——厚德载物。"

实际上在家庭教育中，往往不是孩子出了问题，也不是家长出了问题，而是他们之间的关系出了问题。如果我们把问题的焦点放在孩子的身上，父母就会去批评、指责孩子；如果问题的焦点落在父母的身上，孩子就会抱怨、责怪父母；但当我们把问题的焦点落在亲子关系上，问题可能就会迎刃而解了。

在传统观念中，家庭教育一般被认为是"父母强、孩子弱"的关系。这种强弱关系不利于父母与孩子彼此间达成一致。但当一个初三的孩子开始给自己的父母讲课时，这种强弱关系立刻发生了改变：孩子变强了，父母变弱了，此时彼此就很容易达成一致。孩子的父母此时不再是孩子老师的角色，也不再指责孩子不上进，而是在孩子背后支持他、托举他，家长每天把饭做好，每天表扬孩子记忆力好，把学习的问题交给孩子信任的老师去解决。当父母不再执着于自己的权威，不再执着于在家里充当老师的角色，亲子关系就会从失衡慢慢转向平衡。当家庭成员彼此间相互认同、达成一致时，孩子就会减少内耗，就能做到心平气和，就能自主学习，朝着自己的理想前进。

***

站在孩子身边，与之并肩作战

有一年临近高考的时候，我接到了这样一个案例：一名高三的男孩突然不想上学了，并且不想参加高考。孩子的父母万分焦急，给孩子做了许多思想工作，还找了老师和亲友帮忙劝导，可孩子始终无动于衷，大家都认为这个孩子"病了"。

男孩和他的家长找到了我。经过近两个小时的单独交流，我了解到这个男孩从小学习就很优秀，进入高中后更是背负了父母、亲友的殷切希望。备战高考期间，虽然他十分努力，但成绩却丝毫不见提升。孩子长期看不到希望，对未来也失去了信心，于是产生了厌学、害怕高考的情况。

我和他面对面沟通时，探讨了这样一个话题：学习的意义是什么。最终，经过我的启发、引导，我们达成了共识——学习是自由的，自由的学习才有意义！我支持他不去学校、暂时在家自学的决定，也帮他说服了父母同意他的做法。

几天后，孩子的妈妈打电话跟我说，孩子在家开启"自由式"学习后，学习的主动性提高了，而且他发现有些问题是自学无法解决的，竟主动提出要去上学。后来，这个孩子学习劲头越来越足，全力以赴冲刺高考，最后的成绩达到了本科录取线。这时，全家人都很庆幸之前做出了"以退为进"的决定。

我们可以看到，过去是孩子进退两难，家长也左右为难，大家在狭小的空间里彼此煎熬。现在是孩子向后退一步，家长也向后退一步，在更宽阔的空间里彼此更为自在。表面看他们在后退，实则是转换为更大的动力，奔赴更好的结果。

有时，我们可以反思：是孩子真的病了吗？还是孩子在成长过程中遇到了困惑？如果孩子真的病了，那我们和孩子就是医患关系，就要有病治病；如果孩子只是感到困惑，那我们和孩子就是师生关系，就要为他答疑解惑。上述案例中的这个男孩并没有生病，他只是在成长过程中遇到了困惑，陷入两难的境地，而解决两难选择的最佳方法就是从思想的更高维度去看清问题的本质，用新认知、新观点引领孩子走出困境，这是帮助青少年走出成长困惑的有效方法。

先解决孩子成长中遇到的问题，其他问题才有解决的可能；成长中遇到的问题无法解决，其他问题往往也很难解决。功夫往往在事外，这是解决青少年成长问题的方向。有时，我们把注意力的焦点过多地放在孩子的成绩上，从而忽略了真正重要的成长的问题，导致孩子在成长中遇到的困惑无法得到及时的疏导和解决，最终"爆发山洪"。

怎样才能找到好的老师为孩子答疑解惑？我在一个高一女孩的作文中，似乎找到了答案。她的作文《这也是课堂》是我亲自指导的，其中有这么几段话令我印象深刻：

"不要急于下笔，要注意画作整体的布局。"老师的教诲回响在耳畔。习画三年，苦练技巧，如今我的画工却止步不前。我将自己关在画室里，身旁画过的宣纸堆得愈来愈高，但我的绘画水平却不见长进。幽暗的画室里透不过阳光，就像心中有迷雾笼罩。

母亲见我烦躁不安，便提出带我出门走走。春日的崂山游人如织。沿着石阶小路拾级向上，峭壁兀石间奇花绽放，山林间泉水作响。登顶后，我立于巨峰之上，任凭清风吹抚发丝，呼吸着新鲜的空气。向上看，云雾中白若樗蒲者为山，日光赤如丹；向下看，巨浪冲天，涛声似雷鸣，有山崩地裂之势。俯仰之间，山似磐石，人渺如蚁。不觉间，迷雾渐散。海风轻柔地抚去了我心中的烦闷。

是的，心中有天地，笔下方能显河山。

海上名山告诉我，人不能目光短浅，只局限于方寸纸间。容纳百川的大海告诉我，要心胸宽广，要有包容万物的气度。作画并不只讲求技巧，更蕴含着情感之深和意境之远。技巧为骨，支撑起画面的结构与层次；情感则为魂，赋予作品以生命与灵魂。作画是技巧与情感的交响，是视觉与心灵的对话……

曾经，我拘泥于画室的课堂，日月苦练仍不见长进。如今，我倾听自然山海的教诲，于方寸间绘下心中丘壑。这，也是课堂。

提笔挥墨间，我大步迈向未来。我会以万物为师，以世界为课堂，绘下青春的灿烂画卷。

我想，这位高中女孩的"以万物为师，以世界为课堂"的绘画之悟也能给我们家庭教育以很好启发。当我们抛却"成绩""分数""排名"这些局限、困扰我们内心的表象问题，将目光放得更远、将问题看得更深，也许我们就能看到更深层、更根本的解决之道，也能更清楚地发掘孩子内心的需求与渴望，从而真正地站在他们身边，与他们"并肩作战"。

最后，让我们回到开头提到的"真教育"。什么是真教育？我想，真教育应该是人格的塑造、情感的培育、智慧的启迪。无论是家庭教育、学校教育，还是社会教育，最终都应该指向受教育者自我觉察的智慧。教育看上去是在出发，其实一直都是在寻找回家的路。

第四章

心灵探索·
助力成长启航

***

蔡玲玲

飞鸥妈

黄 霞

伍思羽

只要有机会让我们做真正的自己，每一个
瞬间都能成为人生的高光时刻。

平凡人也有高光时刻

蔡玲玲

在心理学的观念里，人生往往存在两个既令人悲伤又让人充满力量的转折点：其一，是在 20 岁之际，我们需要承认自己的父母是芸芸众生中的普通一员；其二，是在 40 岁之际，我们最终接纳了自己同样平凡无奇这个事实。

每个人都携带着向上、向好的基因，我们因此会渴望生而不凡，期待自己能在人群里熠熠生辉。为何"承认自己是个平凡人"是个既令人悲伤又让人强大的时刻呢？且让我通过一个故事为大家阐述。

假如有一个人身在青岛，他想要前往北京。要到达出行的目的地，他就需要研究从青岛去北京的路线和交通工具，无论是选择飞机还是高铁，抑或是选择长途客车，他终归都能够到达目的地。然而，假若他没有自知，一味地研究从上海去往北京的路线——只因为这条路线上的旅游资源更为丰富，两座城市都繁花似锦。并且，如果能研究透了这条路线，还意味着别人会认为他很厉害。可是，就算这条路线被他研究得再明白，他最终也无法到达北京，因为他根本不在上海！

我们应该认识到，生而平凡并非自我设限，更不是自我放逐。毕竟，天选之子是少之又少的存在。承认自己的平凡虽然会让人略有失落，却也让人能够摒弃那些虚幻而不切实际的妄念，转而接纳真实的自己，从自己真实的起点重新出发。这不仅是生命的重启，也是对自我优势的一次重新认识。在那一刻，我们回到自己的起点，做回真实的自己。那个时刻，我们身心合一，充满力量，无比强大。

幸运的是，我在40岁出头的时候，偶然获得了发现优势的工具——优势心理学。在认识自己的过程中，我时而悲伤失落，时而喜极而泣。在对生命的不断探索中，我逐渐矫正了以往对自我认知的偏差。从那以后，生命的航道变得开阔，我也完成了由一名历史老师到一个外企高管，再到一位优秀的咨询师及专业培训导师的蜕变。自此，我开始引领更多的人踏入自我发现的旅程。

* * *

生命的设计精美绝伦，却没有导航图！

少年时期，我们往往无法认知自己，于是不由自主地通过周围人对我们的评价来认定自我。我也是如此。因为反应敏捷、兴趣广泛，我被老师和父母贴上了"一瓶子不满半瓶子晃荡"的标签，而我也在潜意识里接受了这样的认定：我认为自己是一个不专注的人，没有能力深入地研究某一事物。背负着这样一个标签，我学什么都很快，没接触过的领域也能轻松上手，但是做到一定的阶段后我就想换新的领域。比如，我大学时历史学得不错，在毕业后担任了十年历史老师，可因为找不到明确的发展方向，就毅然辞职了。那时我的想法是：我要去看更广阔的世界，去过我想过的人生。

此后，我带过团队，做过外企高管，在国外担任过企业的 CEO。我频繁地飞越半个地球往返于国内外，虽然令众人羡慕，但我依然内心感到迷茫。那个时候我隐约意识到：人在迷茫的时候其实需要一个能看透世事的智者帮我们指点迷津，能以局外人的角度给我们指明方向。

人们常说，人生没有白走的路，你迈出的每一步都算数。那几年我在国外时，需要带着当地的翻译一起工作，我发现仅靠在学校学习的那些外语，在工作中根本发挥不了什么作用，常常是对方说的每一个单词我都知道什么意思，可是连起来就是听不懂。我当时郁闷地想：等我回了中国，我一定要畅所欲言，享受说中文的快乐。

2008 年，第 29 届夏季奥林匹克运动会在北京举办，我也结束了国外的工作，回到了祖国。回国后不久，我就遇到了优势心理学的培训课程。通过学习，我震惊地发现早年父母和老师给我贴上的标签竟然是错的。实际上，我天生具备做研究的潜质，是完全有能力成为优势心理学领域的专家的。那一刻，我悲喜交集，感叹过去的40年里，自己被一个并不正确的评价所禁锢，活成了别人口中的样子！

令我至今记忆犹新的是一个女孩，她被父母安排得职场稳妥、生活舒适，但她就是莫名地郁郁寡欢、情绪低落。她拥有一张青春的脸，却没有散发出任何青春的光彩。她在学习优势心理学的过程中逐渐地了解了自己——原来，自己是个内心渴望自由的人，也很有主见，但是因为不善于表达自己的想法，所以总是给人以"服从父母意愿、配合度极高的乖巧女孩"的感觉。于是，父母肆意安排她的人生，给予他们自认为最好的工作和生活，可是那一切并不是她真正想要的。她的人生在各种错位中展开，她的活力也随着时光渐渐消逝，而她却并不知道原因何在！

她很幸运，能早早地遇见未知的自己，而我却等到人生过半才有机会做回真正的自己。又有多少生命，至死都不知道自己内心真正想要的是什么！想起在国外工作时渴望能有一个智者为我指点迷津，于是，我许下了一个心愿：余生我要用优势心理学这个工具帮助迷茫的人找到真正的自己，帮助更多的父母了解自己的孩子，让教育在了解中真正做到因材施教！

矫正了自我认知的偏差后，我如同插上了自由的翅膀，在优势心理学的领域中开始翱翔。经过一年多的努力，我从一个学员蜕变成培训导师，又凭借10年的教育背景和8年的外企管理经验，开拓了自己主要的服务群体：一是面临教育困惑的家长，二是在职场中要兼顾事业与家庭的女企业家。在培训的讲台上，我滔滔不绝地讲述，那个平凡而普通的蔡玲玲，因为成为真正的自己而迎来了人生的高光时刻。

***

人生而平凡，却也生而不同

在我从事咨询和培训的这些年里，我亲身验证了"世界上没有两片相同的树叶"这一哲学名言。每个人都是独一无二的存在，仅领悟到这一点就足以让我们对生命充满敬畏。每个人生来便携带着自己独特的优势，无一例外。我们只要尊重并运用这些优势，每个生命都能绽放出光彩。每一种花儿都有自己特定的花期，也都有各自独特的美丽。可惜的是，能看到这一点的家长真的是寥寥无几，而能够不被社会单一评价体系所裹挟的教育工作者更是凤毛麟角。所以说，引领人们发现自我并善用自我，是一条充满挑战的道路。

前来咨询的家长，他们多数能够接受我的专业建议，按照孩子的优势进行培养。曾经，我有一位朋友郑重其事地感谢我，因为她听了我的建议，发现了孩子在书法和演唱方面的天赋，并把这种天赋优势运用到兴趣培养上。现在，孩子不仅学了书法，还参加了合唱团。如今，这两项技能的培养都有了成果：她上小学的儿子现在已经能够写春联了，还在学校合唱团担当了主力，多次在电视台登台表演。有一次，我的这位朋友把她儿子带到我面前，满面笑容地说："你给蔡老师唱首歌吧。"上五年级的阳光大男孩儿真的双手交叠、落落大方地引吭高歌起来。他神态从容，优雅自信。那一刻，我终于体会到何谓"在优势面前无须努力，所有的成果皆因热爱"。对于拥有优势的人来说，他人辛苦努力才能企及的目标，不过是时间的飞速流逝，因为充满热爱，所以沉心研究。看到这个孩子的变化，我内心充满欣喜，真切地感受到自己所学专业的价值所在。

然而，我发现有一部分家长并不想了解孩子的特质和优势，只想解决自己的烦恼。比如，怎么能让孩子尽快完成作业，怎么能让老师少找家长等。他们被学校的节奏引领着前行，早已失去了耐心。曾经有一个全职妈妈，她的女儿有着极佳的审美，在空间智能[1]方面极具优势，所以她在小学阶段就在绘画和设计等方面展现出了很高的天

1. 空间智能：空间智能强调人对色彩、形状、线条、形式、明暗、构图、平衡、空间及它们之间的相互联系具有高度敏感性，并能将其感受表现出来；能将眼中所见事物转变为属于个人的视觉空间印象。同时，能随意操控物件的位置及组合，也具有产生或解读图形信息的能力。以上解释参考：[作者不详]. 空间智能 阅读的地图，行走的艺术：幼儿视觉空间智能的培养 [J]. 家庭教育（幼儿版），2007，(06):11.

赋。但是由于她的学业智能 [2] 没有特别的优势，所以成绩一直不甚理想。女儿知道妈妈不支持自己的爱好，只能偷偷地参加动漫设计大赛。她很自豪地和我说："老师，你知道吗，我参加动漫设计大赛能进全国前 200 名。"当我问她全国有多少人参赛时，她眼睛里闪烁着光，笑意盈盈地说"大约几十万人吧！"我惊叹不已，这下轮到我两眼放光了！这个女孩懂我对她的欣赏，便滔滔不绝地跟我讲述她在设计上的奇思妙想。待她满腔热情地讲述完毕，我问她："这些战绩妈妈知道吗？"她的眼神瞬间就黯淡下去，失落地回答："我妈只想让我好好学习，我参加这些比赛都不敢让她知道。"看来，这又是一个优势不在父母和学校认可范围内的孩子。这真是老天给予了饭碗，但家长却试图用各种方式将其毁掉。

2. 学业智能：欧美一些国家在教育目标上吸收了心理学的研究成果，提出了成功智能教育。成功智能是指适应现代社会完成成功人生所必需的能力要素，它包括学业智能、人事智能、实用（实践、处事）智能、创造智能等。其中，学业智能包括语言能力、逻辑数学能力、音乐能力、空间能力、身体动觉能力。参见：张豪锋.素质教育目标体系研究与实践 [R]. 郑州：河南师范大学，2002.

当我面对这个女孩的妈妈时，能深刻感受到她被日复一日的琐事折磨得失去了耐心。她自述家人全是大学生，她因照顾自家生意而选择了辞职，后来大龄得女才不得已在家全职。优秀的她无法接受自己的孩子在学习上如此"低能",对自己的教育感到气馁。她向我传达了试图改变孩子的意愿,在她的诉求里,我就是能够解除她烦恼的工具。她没有心思去了解孩子的优势和兴趣爱好,也从未想过要找到真正适合孩子发展的优势领域,满心只想着如何让老师少给她打电话、如何能让丈夫减少对她的责备!

我们都听过这样一句话:"男人负责赚钱养家,女人负责貌美如花。"然而,这句看似美好的话落在现实生活中却成了一个巨大的笑话。现实中负责赚钱养家的男人大多无暇顾及家庭,而貌美如花的女人不仅成了保姆,还要对孩子的教育负全责。我在这个妈妈身上看到了全职太太的艰辛和不易,可是却对她的境遇无能为力。她虽然能接受"孩子是父母的翻版"这个说法,但已没有任何心力在自己身上下功夫,只想通过专业手段快速改变孩子。都说"改变自己的人是神",以我的从业经历来看,其实大多数人并不那么喜欢当"神"。

另一类咨询较多的人群是职场白领和女企业家,她们在外有着令人羡慕的事业,却因工作繁忙而无暇顾及家庭,有的只能依赖老人和保姆照顾孩子。她们来到我的面前,带着各种各样的问题:有关于孩子教育的、有关于情感困惑的、有关于公司人事的等等。她们时间紧张,每次来到我的咨询室,都是"快刀斩乱麻"地寻找某个问题的解决方案,是效率极高的人群。

曾经有个不到 40 岁的家族企业的女老板,她个人能力超群,对周围人的要求极高。她对丈夫的生活和工作都极为不满,两人的感情岌岌可危。她任职的公司是丈夫家家族企业的子公司，一开始她配合丈夫工作，后来逐渐取而代之成为主导，丈夫成了公司的附属。她越来越忙，经常出差。忽然有一天，朋友委婉地告诉她，曾经见过她丈夫和一个年轻的女子亲密地走在街上。那一刻，她愤怒至极，为家庭打拼的艰辛和长久以来的委屈瞬间席卷了她，咬牙切齿地想要离婚。但，离婚也就意味着她将失去事业。她用经过各种考量，仍不知该如何取舍。她第一次来找我咨询时，我就直指核心地告诉她："这世上能让你满意的男人如同大熊猫一般稀有，就算你和现在的丈夫离婚后再嫁，结果还是一样！"她目瞪口呆地看着我，疑惑地问："你是说，这是我的问题？"我果断地反问她："不然呢？你的世界里发生的事和你没关系，你觉得可能吗？"

她发泄了一会儿情绪后，慢慢地平静下来，终于在第三方的视角下看到了自己的强势给丈夫带来的压力。她有些松动了。我请她下次带着先生一起过来，她竟然没有拒绝。我知道，她想离婚的决心并没有那么坚定，如果她的丈夫肯放下面子配合她一起来咨询，那么他们的婚姻还是有挽回余地的。

两次咨询过后，她对丈夫有了更多理解，对公司的工作分配也做了相应的调整，每周还抽出固定的时间回家陪伴 7 岁的女儿。一年多后，她竟然在微信告诉我：她又生了一个儿子！还叮嘱我如果经过她的城市，一定要告知她，她要当面感谢我！

林徽因曾说："邂逅一个人，只需片刻。爱上一个人，往往会是一生。"如今，爱一生是越来越难了，但我们也应且行且珍惜。

＊＊＊

人因为发挥优势而成功

很多人不知道何为"优势"，实则优势是由各种天赋组成的，它是我们与生俱来的能力。

我们常说"江山易改，本性难移"，其中的"本性"说的就是根植于我们天性中的天赋。我们从小就有属于自己的个性特质，或敏锐细腻，或挑剔严谨，或逞强好胜，或执拗强硬。有人热情，有人冷漠，有人坚韧不拔，有人敏感脆弱……这都是因为每个个体的天性有所不同。就像有人善于用眼观察，有人善于用耳聆听。只要我们将注意力放在孩子身上，用心观察，便能发现孩子的天性。我们要尊重孩子的天赋，让他成为真正的自己。

我们自小就被灌输要成为大众期望的样子，要开朗、合群、主动、有礼貌……在潜意识中，人人都希望自己的孩子能够趋于完美，于是家长不断地纠正各种我们所谓的"错误"。家长往往以为纠正了错误就等于回归了正确的道路。然而，他们不知道的是，人之所以能够成功，是因为他们发挥了自己的优势。一个人所有的先天优势都要经过后天的明确和强化，才能转变为真正的才干。遗憾的是，多数家长能够明确的，只有孩子的不足之处。如果在这样的基础上不断进行后天的强化，就会使孩子的问题越来越多。这是一个令人深思的陷阱，中国的父母常常陷在这个坑里，并一代代地往复。

在心理学里有这样一个说法，叫"注意力等于事实"。意思是，我们关注什么，就会创造出什么。

经过近几年的社会发展，手机网民低龄化的现象越来越严重，各种网络视频和二次元文化渗透在人们生活的方方面面。线上教育的盛行，一方面方便了家长的教育，另一方面却让孩子们对学校的授课模式产生了诸多不适。有厌学情绪的孩子日渐增多。这给家庭教育带来了极为严峻的考验。前来咨询的孩子越来越多，我能感受到这三年多来，线上教学对教育产生的巨大冲击，这种现实教学的割裂使得很多老师和孩子的沟通出现断裂，代际分歧日益加剧。在这样的背景下，我迫切地想要寻找一款能给孩子除了分数以外的全人教育[3]产品，希望它无须给孩子补课，就能点燃孩子的内驱力，引发孩子自主学习。机缘巧合之下，我遇到了一款符合我追求的产品，并将其引进了山东地区。短短半年多的时间，已使很多家庭受益。这款产品与众不同的地方是，它没有模式化、术语化的导师，而是一帮来自清华、北大、人大、北师大、浙大、交大、复旦、南大和武汉大学这九所知名高校的优秀学生陪伴孩子。经过严格筛选和多轮培训后，他们为孩子提供一对一的

3.全人教育：是一种以促进学生认知素质、情意素质全面发展和自我实现为教学目标的教育理念。（笔者注）

线上陪伴，告别了说教，做到了同频同行。这款产品也让我更加坚定了要运用优势心理学为更多的家庭、更多的孩子提供帮助。

　　这些年来，我因优势心理学而结缘的朋友不下千人，虽不算众多，却也不容小视。我和她们之间是半师半友半知己，亦是半慕半尊半倾心。大家成了彼此的特别的存在，看着她们慢慢变得光彩照人、悦己绽放，我有了很高的职业成就感和喜悦感。谁说平凡人不能活出精彩呢？只要有机会让我们做真正的自己，每一个瞬间都能成为人生的高光时刻。

花开书页间

润物细无声的何止是春雨，
更应该是对下一代的教育。

教育焦虑洪流下的初心和定力

飞鸥妈

不知道从何时起，"焦虑"这个词逐渐走进了我们的生活。教育焦虑如同一张无形的网，悄然笼罩着许多家长，也在一定程度上影响着孩子的成长。那么，我们该如何挣脱焦虑这张网，保持教育的初心和定力？希望借由这篇文章，与各位家长共同探讨这一话题，希望大家能从中有所收获。

***

把孩子还给孩子

我曾经营一家小而美的绘本馆长达近 12 年之久，陪伴了数百个家庭的阅读生活，让几百个孩子建立了从无到有的阅读习惯。我还曾数十次走进不同的班级为孩子们送故事进课堂，向家长和老师们分享阅读的重要性和方法，所以我有幸认识了上千个家庭的父母和孩子。经常会有家长向我咨询各种问题，比如：夫妻双方都是名校毕业，为什么孩子的成绩会如此平庸？到底要不要给孩子择校？是否要让孩子超前学一些内容吗？

　　每当收到诸如此类的提问，我都能感到这些家长的焦虑之情，也让我深思，在父母的这种焦虑情绪下培养起来的孩子，会格外感恩吗？会生存能力出众吗？会一帆风顺地考取"清北"，然后找到自己的热爱并为之奋斗吗？当然，其中有一个最根本的问题——孩子在这样的成长环境中会快乐吗？

　　我想到自己也曾幼稚地认为，我和先生都是山东大学毕业，两个孩子遗传了我们的基因，并且在我们的精心培育下，应该具备"青出于蓝而胜于蓝"的潜质。可残酷的现实早早便打破了我的这个认知。事实证明，"同一个妈生的孩子也有不一样的"，绝对不能拿孩子跟孩子比！我们家的哥哥之所以能考上青岛市最优秀的高中，不是刷题刷出来的，也不是任何辅导班培训出来的，而是全凭自学。可是弟弟经历了跟哥哥同样的"学习路径"，学习成绩却只是班级中等的水平。所以我清醒地意识到他们的心智发育水平不同，他们对文字的敏感程度不同，他们在课堂上的专注程度不同，他们就算再有共同语言也存在着各种不同……这也让我越来越深刻地认识到：每一个孩子都是独一无二的，他们不是带着父母或者家庭的使命出生的，他就是自己！

即使是亲兄弟，哪怕是双胞胎，也是需要差异化养育的。

这也让我反思了我自身的教育。在我们家，弟弟缺乏自信的问题让我困惑了很久。后来我发现，这其实跟他一直生活在哥哥的光环下有关，即便我作为家长已经想尽办法"一碗水端平"，但弟弟仍然受到了一定的影响。一直以来哥哥作为兄长，从小就带着弟弟一起玩，他在无形中分担了很多照顾弟弟的责任，所以哥哥被锻炼得独立性很强，他爱整洁、会做饭，不论是在家还是出门旅行，都是非常重要的责任担当。而我们为了维护哥哥的地位，也会大事小事均征求他的意见。久而久之，造成了弟弟一直处于被照顾、被引领的状态，所以他缺少让我们——包括他自己见识到自己能力的机会，也就缺乏建立自信的条件。所幸，作为家长的我，及时醒悟了这一点。现在，我很重视给弟弟创造独立锻炼的机会，家里做各种决定之前，也会多听弟弟的想法。哥哥也是毫不吝啬对弟弟的夸赞，他是发自内心的，并且态度诚恳。因为我们意识到了自己的教育存在的问题，及时做出了修正，弟弟变得越来越自信了。

在这些年的教育工作中，我也遇到过一些在父母的焦虑情绪裹挟下成长的孩子。

有一个考试成绩每次都能在班里排名第一的女孩，在其他家长看来，她非常优秀，大家对她往往是满眼的羡慕，满口的称赞。可这个"别人家的孩子"却在日记里写道："别的同学可能会因为失去什么而难过，可我最难过的，是妈妈要求我每次都要考第一。"就是这个学习成绩在全年级遥遥领先的孩子，却很少能开心地笑，她说："我只知道每天要努力学，不要被别人超越，却不知道学习的真正意义究竟是什么。"

还有一个原本热爱运动、性格开朗的男孩子，他在妈妈的强压下不得不恶补数理化。在初三那年，他又被妈妈强迫去冲刺自己的实际分数根本达不到的重点高中。因为在妈妈看来，考不上重点高中，就意味着将来考不上好大学，那太丢人了！

看到这些在父母"高要求"下无法快乐成长的孩子，我十分心疼。

也许有人会问，如果父母不借由自己的经验、资源去规划孩子的人生，是不是对孩子不够负责任？

在我看来，对孩子负责任不应该单方面地体现在学习这件事上。对孩子负责任，更多的应该是教会孩子如何自理、自立，就像做饭、洗衣，不仅仅是基本生存能力，更是热爱生活的表现。又比如教会孩子学会如何独处、如何待人接物、如何看待并融入这个世界……这样，孩子以后无论是去外地求学还是在异地工作，都能照顾好自己，都能活出属于自己的人生。

回到学习这件事，我觉得父母最根本的责任是帮助孩子养成良好的学习习惯，挖掘他们内心的兴趣所在，想办法激发他们特有的潜能，而不是像生产标准件一样，去要求孩子每门课都能拿到高分。

那么，如何才能不被教育焦虑裹挟，保持初心和定力，坚定地进行差异化养育呢？

***

卷孩子不如卷自己

我认为保持教育的初心和定力，第一条就是父母要坚持学习。是的，您没看错，就是有点儿"卷孩子不如卷自己"的意思。

我从怀孕开始就广泛阅读各种育儿书籍，力求做一个合格的妈妈。我从书中学到了很多育儿的科学方法与理念，并且在养育孩子的过程中，注重理论结合实际。

松居直先生的《幸福的种子》一书，可谓是我在推广阅读这条路上的启明灯。书中推荐的每一本绘本，看起来都没有任何教孩子如何成才的"实际意义"：它不教认字，可孩子却能在一遍又一遍的亲子共读中很自然地学会诵读、学会理解、学会感受一个个小故事；它也不教数学，可孩子却能在一群小动物的故事里掌握高矮、大小、轻重等生活中的数学思维。

最让我记忆犹新的是一本中国原创绘本《安的种子》，我曾把它推荐给许多家长，并不只是因为它被定义为"品格培养图画书"，而是因为这个故事教会父母懂得"静待花开"的道理。故事里急于求成的"本"和静待春天的"安"形成了鲜明的对比，也让我们看到孩子的成长是一个漫长的过程。我们常说父母如同牵着蜗牛在散步，越是爬得慢的小蜗牛，越需要父母的理解和关注。这也让我想到了我们家看起来要比哥哥成长得慢一点儿的弟弟，自从发现了弟弟在体育方面的优势，我和先生就化身为弟弟的"头号粉丝"，不管是跨栏、跳高，还是他最爱的篮球，只要他眼里有光、肯坚持、有干劲，我们就送上最热情的呐喊和鼓励。我告诉他："有些事情，你可以比哥哥做得还好！"每个人都有自己的长处，都能开出灿烂的花，只不过不一样的花，花期并不相同。

面对孩子的学习问题，我也学会了接纳——接受"孩子暂时落后"的现实，不论是学习成绩的暂时落后，还是心智发育的较为迟缓，接纳孩子的不优秀，就能让我们更加理智地看到孩子的能力，还能有的放矢地给予他鼓励。所以，当我看到孩子不那么理想的测验分数时，我可以比较理智地去思考：孩子是某一类型的题目不会做，还是哪个知识点没掌握？这样就不会被分数刺激到失去理智，也不会大声训斥孩子或者去找一大堆卷子让他刷题，而是可以有针对性地帮孩子一起查漏补缺。

所以，接纳并不意味着不作为！比如哥哥从小学低年级做口算练习时，我就会稍微给他出难度略高一点儿的题目。哥哥做这些题完全没问题，而弟弟却接不住招儿，怎么办？那我们就按部就班地让弟弟从最基础的题目做起。这样弟弟做题的正确率提高了，自信心就不容易受到打击。哥哥上初一、初二的时候，利用课余时间读了多部英文原版儿童文学作品，而后来弟弟上初中时的阅读能力达不到这个水平，那我们就退一步，让弟弟读一些简单有趣的、篇幅较短的英文故事。

同时，为了保护孩子的阅读兴趣，我会坚持"亲子共读"。哥哥偏爱科普书籍，但有些儿童文学故事感人至深，我不想让他错过，怎么办？那我就念给他听。待他被故事吸引，等不及我念的时候，就忍不住自己去读完了后面的内容。这样的亲子共读，让我跟孩子之间增添了许多共同话题。当孩子看到某个场景或某个画面，突然联想到某本书中的情节时，我能立即知晓他说的是哪本书、是书中的什么人物。这种能跟孩子产生共鸣的感觉太奇妙了，是心有灵犀的默契！而弟弟对于特别喜欢的书，乐于反复阅读。我又生怕他阅读面太窄，怎么办？我就给他从点到面的拓展。比如他喜欢《三国演义》，那我就买了各种版本的《三国演义》给他看，还有《刘备传》《曹操传》《赵云传》，再延伸到各种古代英雄人物的传说。

当然，就像我前面所说的，"卷孩子不如卷自己"，孩子在读书，身为家长的我们也应该与他共同成长。为了给孩子营造良好的学习环境，也为了起到榜样示范作用，我和孩子的爸爸也在不断学习、不断提升自我。孩子在看书学习时，我们也在阅读工作方面的专业书籍，所以我的两个孩子经常会说："妈妈都这么努力，咱俩可不能落后，要跟妈妈一起加油啊！"

就我们家的情况来说，坚持阅读是一条重要的学习途径。这不仅仅关乎教育方法和家教理念，更多的是在阅读的过程中充实自我、强大内心。每当我们翻开一本书，文字对我们心灵的滋润、对我们灵魂的洗涤便一触即发。在读黑鹤的作品《在北方森林的深处》时，当读到主人公柳霞被小鹿幺鲁达引领着逃出山林大火的时候，我感受到了人与动物之间彼此的信任，这也让我在看到孩子跟家里的小宠物亲昵地玩耍时多了几分坦然和欣慰，我不会在意这样的玩耍是否耽误了孩子的学习时间，而是更看重孩子在给小狗洗澡时的那份耐心、在给鹦鹉清理笼子时的那份细心。在读《姥姥语录》时，我读到倪萍老师的姥姥说："用心看着人，用心和人说话。别觉着自己比人家高，也别怕自己比人家矮。"这朴实的话语道出了重要的人生道理——不要骄傲自大，也不能妄自菲薄，与人沟通时，要将心比心。于是，我将这段话分享给彼时尚缺乏自信的弟弟，让他明白学得慢没有关系，我们要先懂得做人的道理，再选择属于自己的成才之路，小蜗牛也可以拥有大能量！

***

亲近大自然

我们生活在青岛这样一座海滨城市，很幸运地拥有得天独厚的两大自然财富——一是大海，二是崂山。国际权威脑科学家洪兰教授说过，水和沙是大自然给孩子最好的礼物。海边戏水，沙滩挖沙，孩子在赶海的过程中不仅认识了各种小鱼小蟹，还明白了潮涨潮落的潮汐变化规律。我们在海边见识了不同季节、不同天气条件下海面的颜色变化，也感受到了成群迁徙而来的海鸥与人和谐共处的乐趣……在海边，我和孩子常常能感到人类在大自然面前的渺小，而我们的身心也由此得到极大的疗愈。每当我们心情愉悦地回到家，我总是能更平和地面对生活中的问题。

崂山更是我们家缓解学习和工作压力的"风水宝地"。记得2013年我们全家第一次一起登上崂山巨峰的时候，弟弟才2岁半。从那时起，我们一家人就时常去爬崂山。春天，我们去眺望漫山遍野的樱花、桃花、杜鹃花。夏天，我们去"北九水"感受瀑布涌动和山间泉水的清凉，我们人手一把水枪，不论是大人还是孩子，都肆意沉浸在戏水带来的欢乐里。秋天，层林尽染的山色更是吸引我们一到周末就驱车进山，那个时节阳光会穿过树枝把银杏叶一点点染成黄色，我们于山顶盼秋风摇动枝条，把枫叶一层一层"绘"得通红。冬天，那垂直而下、令人震撼的冰瀑，以及那因"阴阳割昏晓"而多日不化的积雪，成了我们冬日爬山的最大乐趣。

曾经在网络上看到过这样一个问题："为什么以前的孩子经常挨揍却很少抑郁，而现在的孩子生活条件这么好、家长这么宠溺，却频频出现各种心理问题呢？"在我看来，一个很重要的原因就是现在的孩子接触大自然的时间和机会越来越少。人身处大自然中很容易放松心情，感到身心愉悦。

记得在《小升初家长手册：欢迎来到五年级》这本书中，作者卓立校长这样写道：

带孩子一起爬个山，更是高质量的亲子陪伴时光：一面锻炼身体，一面亲近自然，一面还密切了情感。

是的，在山路上，我和孩子看见什么聊什么，想起什么聊什么，把作业和工作抛之脑后，给大脑足够的放空时间。如此一来，不仅可以拉进亲子之间的距离，还能增进彼此之间的了解。所以，越是压力大的时候，越应该全家人一起去"爬个山"！这也是我一直坚持不让孩子周末上辅导班的缘由——要把周末的时光留给孩子，让他享受家庭的欢乐、提高身体素质、提升个人素养。

我们家哥哥曾经和我说过一件事，他说班上有同学上课时开小差，他就问这个同学："你不担心听不懂吗？"同学的回答是："反正周末要去上辅导班，到时候让辅导班的老师再讲明白就好了！"孩子的话让我意识到，有些时候辅导班成了某些孩子的依赖，成了某些家长的心理安慰。我不希望我的孩子有这样的"依赖"。我想，如果是喜欢带着问题去听课的孩子，那就课前自己预习；如果是喜欢带着新鲜感去听课的孩子，那就提高课堂专注力。总之，相比学习成绩，我更看重的是孩子的学习态度和学习习惯。

另外，远离了辅导班，我们可能就在某种程度上切断了"焦虑情绪"的重要来源。与其去研究哪些学校升学率更高，不如"向内求"，去了解自家孩子的优势是什么、有哪些长处，抱持着平常心去养育孩子。有句话叫"成年人真正的成熟，就是承认自己的平凡"，而我从一开始就非常清楚地知道，不但我自己平凡，我的孩子也很平凡。所以，我不会强逼着孩子去卷"强基"搞竞赛，而是用时间和精力去帮助孩子开阔眼界，去帮助他发现他自己真正感兴趣、真正愿意为之付出努力的事情。

说了这么多，我想归结为两句话。第一句话是："先有好的关系，才能有好的教育。"不论是一起阅读还是一起爬山，都让我和孩子之间的情感之桥越来越稳固。每个父母都曾经是个孩子，无一例外。回想一下我们自己小时候做过的傻事，可能就会理解现下孩子犯的错误。而当孩子感受到"被看见""被理解""被信任"之后，就能够把更多的心里话说出来，我们的教诲和建议也就更容易被他们听进去。这样，才能在亲子沟通时形成良性循环，其他的教育目的才有可能实现。

第二句话是："润物细无声的何止是春雨，更应该是对下一代的教育。"为什么有那么多的孩子回到家就紧闭房门，不乐意与父母沟通？也许是父母一开口就让孩子感受到了强大的教育目的，居高临下的说教让他们透不过气来。所以，让我们先摒弃"望子成龙，望女成凤"的功利心，做好自己，化教育于无形之中，滋润小树一点点地茁壮成长。

在家庭教育中，培养孩子的自驱力是一项长期而复杂的任务，但它对于孩子的个人成长和未来的成功至关重要。

如何激发孩子的自驱力：
从理解到实践

黄　霞

在人生的道路上，我们总会邂逅形形色色的人和事。在这个过程中，我们也在持续不断地学习和成长。放眼个人成长之路，自驱力的重要性不言而喻。

顾名思义，"自驱力"指的是自我驱动、自我激励的能力，体现在个体对目标的执着追求和不懈努力上，即使面临困境和挑战，也不会轻言放弃。自驱力强的人擅长化被动为主动，深知主动发现问题并解决问题是每个人学习成长的必经之路。

自驱力不仅体现在对目标的执着追求上，还体现在面对问题时能够主动寻找解决方案的能力上。面对不同类型的问题，自驱力强的人会采取相应的解决策略。比如，在学习上遇到数学难题时，他们会选择向老师或同学求助，以快速获得帮助；而在处理人际关系的挑战时，他们会通过积极的沟通来寻求共识和解决问题。

因此，几乎所有的家长都渴望自己的孩子能够拥有"自我驱动""自我激励"的自驱力。那么，究竟如何才能培养孩子的这种能力呢？接下来，我将以一个从业 15 年的心理咨询师的身份，与大家分享孩子找到自驱力、找到生命动力源的故事和经验。

*＊＊

兴趣引导：孩子成长的"内在驱动"

不知从什么时候开始，一些曾经在幼儿园里天真烂漫、活泼可爱的孩子，到了小学高年级阶段却变了个样儿。他们变得叛逆、不听话，甚至对家人也越来越疏远，他们中的一些人还会有如下表现：

一是叛逆，情绪波动大，脾气暴躁，经常反锁房门，拒绝与家人沟通。

二是自暴自弃，对学习失去兴趣，拒绝写作业，频繁地找理由逃避上学，甚至萌生了辍学的念头。

三是沉迷于手机游戏，一回家就抱着手机不放。

四是逐渐出现抑郁、焦虑症状，情绪低落，消极悲观，不愿与人交往。

面对孩子的这些问题，家长往往绞尽脑汁，尝试各种方法，但孩子的状况却常常是每况愈下。

一位家长在咨询时向我吐槽："真是让孩子气死了，怎么这么不省心。做什么都要我催着、盯着，甚至吼着，最后才慢吞吞地去做。"她和我说，她儿子在家里干什么都要催好几遍，还不听话，做事拖拖拉拉的。写作业的时候，好不容易进入状态，可她去倒杯水的功夫，孩子就找出手机玩游戏。一到周末的读书时间，孩子就找各种借口不愿参与。

这位家长为了让孩子好好学习，尝试了很多方法，但收效甚微。她试过用孩子喜欢的遥控飞机作为奖励，起初孩子还有些动力，但很快就失去了兴趣；她还尝试让孩子每天打卡记录进步，但是同样的，孩子也没能坚持下去。面对越来越重的学业负担，家长无法时刻监督，孩子也苦不堪言。

我们可以看到，这位家长更多的是采取"外力"的奖励方式，比如用遥控飞机做奖励、每天打卡记录等，这些外在奖励虽然在一定时间内能起到一定的效果，但往往也会在孩子丧失新鲜感后逐渐失效。其实，想让孩子养成主动做事的习惯，关键在"内"而不在"外"。作为家长，要善于激发孩子的内在驱动力。孩子的内在驱动力一旦被唤醒，就会对知识产生强烈的渴求，从"被动学习"转变为"主动学习"，还能在面对挫折时更加坚韧。

那么，又是什么导致孩子的自驱力不足呢？

***

告别掌控感：把孩子还给孩子

孩子天生对各种事情都充满了好奇心。可以说，每个孩子天生就是具备内在学习动力的。是什么因素影响了孩子的自驱力，让孩子在学习这件事上失去了兴趣、丧失了动力呢？有时，这与父母的教育方式密切相关。

许多家长秉承这样的观点：孩子必须逼得紧一点儿，将来才能成才，而且，孩子必须要听我的，这样才能少走弯路。

这样的教育方式真的对吗？

我曾经在半夜接到过好友的电话，说她的一个朋友辞去工作在家照顾上高中的女儿，但这个女孩的成绩不仅没有好转，还出现了早恋、抽烟等问题。老师想找女孩的家长到学校谈一谈，但女孩嘴里一直喊着"我不要看到妈妈"。好友的转述让我想起，我很早就认识这个女孩，她上小学时乖巧懂事，成绩也不错，还乐于助人。但到了初中，她的成绩开始下滑，还经常被同学孤立、受别人欺负，她慢慢地变得很敏感。女孩的母亲辞职在家照顾她，经常会和她说"你要努力学习，我那么辛苦，辞了工作都是为了你""我为你牺牲了事业，你一定要好好学习"……这些"以爱为名"的做法都使女孩产生了巨大的压力，她觉得自己是家里的负累，觉得自己什么都做不好，觉得是自己让母亲放弃了她原本大有可为的人生。于是，她一方面反抗母亲，另一方面又极度地依赖母亲。

这个案例足以引起我们反思，让我们看到家长的教育方式对孩子的成长有何等重要的影响。有研究表明，当孩子的掌控感偏低时，他们会感到压力，一旦遇到挫折，他们就会变得不知所措，甚至自暴自弃。因此，为了培养孩子的自驱力和应对挫折的能力，父母需要学会后退一步，不要试图完全操控孩子的生活。相反，他们应该把选择的机会留给孩子，让孩子在探索中成长，学会自我管理和自我负责。在教育孩子的道路上，父母要做引路人，而不是掌控者。父母一味地参与和干涉孩子的生活，只会让孩子产生更强的抗拒心理，一旦他们脱离父母的视线，就可能会走向失控的局面。同时，当孩子缺乏自我控制能力时，他们很容易对任何事情都失去兴趣，就会变得越来越被动，对学习更是充满畏惧，使他们很难发现内心的热爱，更无法激发起源自内里的驱动力。

还记得凿壁借光的故事吗？这其实就是一个典型的"自我驱动"的过程，因为内心有着强烈的愿望要做自己想做的事情，所以才会持续不断地行动。哪怕没有条件，也会去争创造条件；哪怕没人要求自己，也阻挡不了他们前进的脚步。更重要的是，他们无论走到哪里，都会严格要求自己，不断追求卓越。

拥有内驱力的孩子，不需要家长操心，他们把学习看作是"我想学""我要学"的内在行为。这种行为给孩子带来的是自我掌控感以及由此生发的成就感、愉悦感，这种正向情绪又会进一步点燃孩子的热情，激发出他们无穷的潜力。

＊＊＊

摒弃压迫感：为孩子的心灵松绑

2020年，我接到一个家长的咨询。这位家长告诉我，她的孩子刚上一年级就不想上学了，他讨厌老师，也不愿与同学交流，很胆怯，还有咬指甲的行为，在家里他也整天不和父母交流。

我在与孩子及家长的交流中发现，孩子的父母强势且霸道，经常挂在嘴边的话是"玉不琢不成器""大人说话，小孩少插嘴"。孩子则是很缺乏主见，不愿与人交流。从孩子妈妈的描述中，我"听"到了一个随着年龄增长，越来越害怕父母、外出害怕见到陌生人、父母说话稍微大声一点儿就会被吓哭的孩子。我也能感受到这个孩子处于父母的"高压"之下，根本没有解释的机会，更没有为自己做主和承担责任的机会。孩子感觉到的是不被爱、被忽略、被安排。

我们可以看到，孩子在这个家庭中感受到的是一种深深的"压迫感"——父母对孩子过度的控制、限制和干涉，这些压迫感可能源于父母的高度期望和严格管教，也可能源于父母对孩子的过度保护。案例中的这个孩子，在"高压"的家庭环境下成长，他很可能会感到无助、无力，并产生沮丧的情绪，他的自尊心、自信心也可能受到严重的损害。这样的孩子自然很难产生源自心底的内驱力。

针对这个案例，我采取了"两手抓"的策略。一方面是从父母的教育理念、方式入手，调整父母的教育观念，让父母认识到过度控制、限制和干涉对孩子产生的危害，请他们摒弃"玉不琢不成器""大人说话，小孩少插嘴"等观念，让他们尊重孩子的个性和想法，给予孩子充分的表达机会和自主空间。同时，我引导这对强势的父母不要再对孩子提出过高的要求，根据孩子的实际情况设定合理的目标，让孩子在适度的压力下成长。同时让他们减少对孩子的过度保护，让孩子有机会独立面对一些问题和挑战，培养孩子的自主能力和责任感。另一方面，我从孩子身上入手，为孩子进行心理疏导，帮助孩子缓解压力，增强自信心，并鼓励他发展自己的兴趣爱好，让他在自己喜欢的领域中找到乐趣和成就感，提升自我价值感。我还创造了一些机会让他与同龄人交往，引导他多参加一些社交活动，提高他的社交能力和适应能力。

经过一段时间的调整后，孩子的情绪明显得到了好转，他愿意与同学交流了，也开始和父母分享他的想法、感受。学习、做事的主动性也得到了提升，他渐渐生发出"我可以""我能行""我想做做看"的自信。

***

缓解抵触感：教育的转变之旅

在东莞某所私立学校，一个高一男生因厌学而频繁请假，进而需要休学。这个男孩叛逆、不服管教，常常顶撞父母，还沉迷手机游戏。面对这样的孩子，父母心急如焚，在无数个夜晚因担忧孩子的未来而无法入眠。他们整日以泪洗面，还四处奔波，希望能找到有效的解决之道，渴望与孩子搭建起有效沟通的桥梁。

这对父母尝试了很多方法：送孩子去线下教育机构辅导、看教育直播课寻求方法，甚至考虑过将孩子送入特殊管教学校。然而，这些方法都未能触及问题的根本，反而让孩子的情况愈发严重。父母陷入了深深的自责和迷茫之中。

一个偶然的机会，这对父母找到了我。但开始时，他们对我并没有太多的信任。这位母亲带着满脸的怀疑和防备来到我面前，她双手交叉环抱在胸前，一副"你说说看"的姿态。刚坐下，她就滔滔不绝地抱怨起孩子的种种问题。我泡了杯茶，轻声安慰她："其实父母这个时候是最难过的，也是最不容易的。大家同是父母，我挺心疼你的，也理解你的不容易。"这番话仿佛触动了她的心弦，她顿时失声痛哭。

哭过之后，我告诉她："今晚回家好好睡一家，明天把孩子一起带过来。"就这样，第二天他们一家三口来到了我的面前。我深入地了解了孩子的情况，耐心地询问了他许多问题，最终结合孩子的具体问题和他们的家庭现状，为他们全家量身定制了一套系统的教育方案，为家长和孩子布置了不同维度的"作业"，引导他们如何去做、如何沟通。

我告诉这对父母，孩子的厌学、叛逆、沉迷手机游戏等问题很可能是因为他对学习、对父母产生了抵触情绪，所以采用线下辅导、送入特殊管教学校等"外在"方法都是治标不治本。重要的是缓解孩子的抵触情绪，让他重新找到学习的动力，让他看到未来的希望。

因此，我建议家长从改善亲子关系入手，学会倾听孩子的心声，理解孩子的想法和感受，避免一味地指责和批评，通过真诚的沟通和行动，让孩子感受到父母的信任和支持；同时，为孩子制定个性化的教育方案，深入了解孩子的兴趣、特长和学习风格[1]，帮助孩子设定明确的学习目标和人生目标，激发孩子的内在动力，并在孩子实现目标的过程中，给予充分的支持和鼓励，让孩子感受到自己的努力被认可。

1.学习风格：学习风格是由赛伦首先提出的，是指人们在学习时所具有的或所偏爱的方式，是学习者在研究和解决其学习任务时所表现出来的具有个人特色的方式。学习风格受特定的家庭环境、教育制度和社会文化的影响，具有鲜明的个性特征；同时，个体在长期的学习过程中逐渐形成学习风格，具有一定的稳定性。但是学习风格不是不可改变的，它还具有一定的可塑性。（笔者注）

亲子双方在经过一段时间的共同努力后，孩子得到了可喜的进步。孩子的母亲告诉我，孩子开始每天主动去学校学习，有了清晰的学习目标和规划。现在他的情绪比较稳定，学习成绩开始提升。孩子也开始愿意和父母沟通，遇到问题会想到和父母一起讨论，他的性格变得更为乐观，生活态度也更为自信、积极，还能合理地安排时间去做一些有意义的事情。

这个高一男孩的变化让我进一步确认，孩子的自驱力的确可以通过正面鼓励、提供适当的挑战、让孩子感受自己的进步以及使其获得成就来培养。家长和老师应该创造一个支持性的环境，鼓励孩子面对挑战，并通过肯定他们的努力和成就来增强他们的自信心和自驱力。同时，让孩子在自己的学习空间中感到安全、学会独立，这也是培养自驱力不可或缺的一环。

家长可以尝试用以下方法来激发孩子的内驱力：

一、支持孩子的兴趣：兴趣是最好的老师，父母可以尊重和支持孩子的兴趣，让他们在做自己喜欢的事情中找到乐趣、产生动力。同时，也可以通过兴趣来引导孩子学习新的知识和技能。

二、培养自律：自律是内驱力的重要组成部分。父母可以通过设定规则和奖励机制，培养孩子的自律能力。例如，共同制定孩子每天的学习时间，教会孩子做好如何平衡学习和看电视、玩电脑游戏的时间管理。

三、建立自信心：自信心是内驱力的基石。只有当孩子相信自己的能力时，他们才会有动力去尝试和努力。因此，父母应该经常鼓励孩子的努力，认可他们的成就，让他们感受到自己的价值和能力。同时，也应教育孩子失败并不可怕，重要的是从失败中找出原因，并加以改正。

四、设定目标：目标是激发内驱力的关键。父母可以帮助孩子设定短期和长期的目标，让他们有方向地去努力。这些目标应该是具体、可衡量的，这样孩子就能清楚地知道自己的进步和成就。

提升孩子的内驱力需要父母的耐心和智慧。尤其在家庭教育中，培养孩子的自驱力是一项长期而复杂的任务，但它对于孩子的个人成长和未来的成功至关重要。父母不能急于求成，而应通过持续的努力和正确的引导帮助孩子逐步建立起自我驱动的能力。通过兴趣培养、自律培养、信心建立以及目标制定，协助孩子成为学习的主人，培养他们成为终身学习者和能够自我驱动的个体。

当我爱自己，当我和自己在一起，我写的诗，
都是从爱开始，以爱结尾。

找寻更好的自己
与孩子共同成长

伍思羽

　　世界上有两种妈妈。一种妈妈说："我什么都做不了，因为我有孩子。"另一种妈妈说："我必须做，必须学习成长，因为我有孩子。"很庆幸，作为妈妈，我属于后者。与其说为了孩子必须成长为更好的自己，不如说感谢孩子让我找到了更好的自己。

　　在大多数中国家庭里，孩子的出生于妈妈而言，意味着她要将人生的重心偏向于家庭和孩子，很多人因此慢慢舍弃了那个"多彩"的自己。但对于我而言，孩子的出生如同开启了人生一扇新的大门，我自此踏上了蜕变之路……

***

你的人生终将迎来阳光

如果用天气形容我的童年，我大概能想到的就是"阴云密布""大雨滂沱"。那时的我时常问自己：如果我死了，妈妈会伤心吗？

大多数孩子的生日，本该是快乐、幸福、甜蜜的，但现在我回想起自己的 10 岁生日，却充满失望、痛苦和恐惧。因为和弟弟抢着要骑人家淘汰的小单车，我妈拿起晒稻谷的耙子就朝我砸过来。我不记得当时有没有流血，但心理上的创伤至今仍在隐隐作痛。儿时的我就是在这种家常便饭式的打骂中成长起来的，甚至长大以后我仍被这些创伤所困。

因此，在我成为母亲时，我翻阅了许多养育孩子的书籍，希望我的女儿不要像我一样。女儿的童年应该是充满阳光的，但是在她 2 岁多时，我还是让她也经历了一次"妈妈的暴力"。

因为我没有给她买一个布满灰尘的玩偶，当我牵着她的手强行带她离开时，她竟当着店老板和周围邻居的面说我是"臭妈妈"。当时，那个"虚伪"的妈妈蹲下来，假装抱着她，但是却在用手使劲儿地掐她的屁股，并且非常严厉地吓唬她，让她不许再叫"臭妈妈"。

那时的我并不是很了解儿童心理学，也不清楚儿童存在"执拗期"[1]。我是在自己作为母亲的权威受到挑战时，选择了用暴力的方式让她妥协。而那一刻孩子是否也经历了我童年那般的痛苦，我不得而知。晚上给孩子洗澡时看到她屁屁上的小青印，我既自责又心疼。此后我再没有打过孩子。5 年后，在一次心理创伤疗愈课中，我认识到了那次暴力的教育给孩子带来了什么样的创伤，我再次为自己当初的行为深深自责，感到十分懊恼，后悔自己学习得太晚。

人性的本能导致常人很难接受局面的失控，因为失控会带来不安全感。为了能够控制孩子，让他在自己认为的"舒适圈"里成长，一些父母会采用打压的方式，甚至不惜用暴力镇压孩子。这一切却往往被冠以"爱"的名义。我们常听到家长说"我都是为了你好"，而这份所谓的"爱"太过沉重，它如同一块巨大的石头，压在孩子的心上，让他们人生的每一步都更加艰难。

当我明白这些道理时，我的人生仿佛照进了一束光。我终于知道自己要成为一个怎样的母亲，以及如何去成为理想中的母亲。更重要的是，我意识到是时候搬走心中的这块"石头"了。我闭上眼睛，轻轻地朝着墙角那个受伤的小女孩走过去，温暖地看着她的眼睛，牵起她的小手握在我的手心，用温柔而坚定的语气对她说："我看到你了。

我感觉到你的无助，我会保护你、接纳你。我带你回家。"我不断地重复着，感觉到自己手掌有源源不断的力量。我看到那个小女孩抬起头，用清澈的目光看着我，我知道她已不再害怕——我把爱和安全感送给了过去的自己。生命在成长，这是那时我送给过去的自己的爱的礼物。

生命在不停地流动，即使童年没有力量与家庭环境抗衡，但作为一个成年人，我们不能停留在过去"受害者"的模式中，我们是有能力、有思想、有行动力的。每个成年人都有重塑自己的能力，我们可以带着正向的意图去创造想要的生命状态。这里我想引用莱昂纳德·科恩的一句话："万物皆有裂痕，那是光照进来的地方。"

***

把真实的世界还给孩子

许多父母出于保护孩子的目的，会竭尽全力为孩子打造一个美好的世界，甚至不惜堵住孩子的耳朵、遮住他的眼睛、捂住他的嘴巴。孩子的成长不该是这样的，他们对这个世界充满了求知欲，他们渴望去聆听、去观察、去触碰、去探索这个世界。只要在法律和道德允许的范围内，我们有义务把这个世界真实地摆在孩子的面前。

当然，我在这里还要提到一个观点。那就是"你给不了他人你自己没有的东西"。因此，这个世界究竟如何呈现在孩子的面前，还取决于父母对这个世界的认知。

记得女儿 4 岁左右时，突然问我为什么男生是站着尿尿的。我马上意识到这是她进入了性别敏感期[2]。于是，我平静地给女儿科普人体器官的相关知识，讲解男人和女人的性别特征。而她似乎有点儿迷茫，便不再追问，跑开了。其实，对于孩子提出的这些"尴尬的问题"，一般情况下家长不需要展开讲，可以以"他感兴趣的我们就回答"为标准。

2.性别敏感期：在四五岁这样的年龄段，孩子开始对人的身体，特别是异性的身体表现出明显的兴趣。这标志着孩子进入了性别的敏感期。当性别观念产生之后，孩子就会发现男性与女性之间的很多区别，但儿童的理解和成人的理解明显不同。在大人眼中，这类概念包含着很多世俗的、道德的内容，而对于孩子来说，他是在客观地认识世界。以上解释参考：吴景岚.捕捉孩子敏感期[M].天津：天津科学技术出版社，2021:155-157.

所以，作为家长应该了解一些儿童身心发展的特点，特别是进入青春期的孩子的家长，更是应该了解一下青春期爱情心理发展的第二个阶段——异性好奇期。男孩的第一次遗精和女孩的第一次月经是生命的里程碑。在青春期到来时，父母就应该把这些知识告诉孩子，让他们有心理准备。而当孩子对此产生好奇心时，家长可以趁机和孩子谈谈爱情观，让孩子知道在这个年龄喜欢异性是一件很正常的事情，代表他的身心在健康地成长。

记得我和女儿第一次聊到相关的话题时，是在她 13 岁左右。当时的"中国健康特使"是女儿的偶像，他平时还向公众科普艾滋病的相关知识。所以我也顺势就"艾滋病"的话题与女儿进行了交流，我们浅谈了自爱和边界的问题。因为她没有追问太多，所以我就没有引导她进行深入探讨。

我们国家一直非常重视性教育。我曾多次去学校做过《青春期健康性知识讲座》，目的是为了让青春期的孩子们对生理和心理的发育有正确的认知，让他们学会自我保护，了解基本的性知识，同时对生命更加了解和尊重。

父母是孩子的第一任老师，也是孩子最亲近、最信任的人，性教育不能仅靠学校和社会，家长也应该深度参与。父母可以通过自我学习，在孩子感到困惑时以科学的、正确的观念来引导孩子，为他们解惑答疑。

***

你是追光者，亦是孩子的光芒

作为父母，自己努力成长是送给孩子最好的礼物。

如果一个母亲想要为孩子打造精彩的人生，无疑绽放自己的生命是一条上佳的道路。

在一次心理培训中，我的老师向我们提出两个问题：你最希望儿女对你说的话是什么？最害怕儿女对你说的话是什么？当时我几乎是不假思索地写下了——我希望女儿对我说"妈妈，我欣赏你的人生，我向往你拥有和一样精彩的生命。"最害怕女儿说的是"我永远都不想活成你这样，成为像你一样的人。"

孩子3岁前，我一直是全职妈妈。待她上了幼儿园后，我才重新进入职场。当时，我找了一份时间相对自由的工作——从事保险销售。我很感谢在保险行业工作的那6年，因为超强的学习力和丰富的专业知识，我获得了出色的业绩，各种荣誉证书和奖牌、奖杯堆了整整一柜子。女儿看到奖杯爱不释手。我告诉她，这些都是因为妈妈勤奋工作公司颁发的奖励。如果她以后肯努力，学校也会给她颁发奖励。后来，在一次客户答谢宴上，公司给女儿录了一段视频，她在视频中说："我妈妈工作很认真、很努力，她得了很多很多奖。等我长大了，我也要像我妈妈一样，拿很多很多奖。"

女儿没吹牛，后来她真的拿了很多奖，比我还多。我想，这应该是榜样的力量吧。孩子向往你的生命状态，希望成为和你一样的人，这就是所谓一棵树摇动另一棵树，一片云带动另一片云，一个灵魂撼动了另一个灵魂。

在保险行业工作的同时，我开始攻读心理学专业。后来，经过多年的积累，我成功转型为一名心理咨询师，还成立了自己的公司，主要从事家庭教育、心理健康普及公益讲座。当我来到当时女儿就读的学校进行公益讲座时，我特别想告诉她，她的出生成就了我，是她让我成了能让她感到骄傲的母亲。

女儿10岁的时候，我萌生了学乐器陶冶情操的想法。于是，我和女儿成了同学，一起学古琴。可能孩子生性好动，更喜欢节奏感强、比较张扬的音乐，所以她在学完初级班后就慢慢地搁置了。而我却坚持下来，考取了央音古琴教师资格，并且借琴修心，以琴养性。我通过自己的亲身示范，让孩子看到学习不是一蹴而就的，而是日积月累的终身学习，是通过学习不断地丰富自己的人生，是努力让生命发光。成为自己的光，既照见自己，又照亮世界，这才是一个生命存在的最大的价值。

其实这个世界上唯一稳赚不赔的投资，就是学习成长。作为一个成年人，我们可以为自己的人生负责任，这是一段意识进化的旅程，也是一段自我成长、自我蜕变的旅程。正如诗人叶芝所说："当我爱自己，当我和自己在一起，我写的诗，都是从爱开始，以爱结尾。"

谢谢你，我的女儿。因为爱你，让我变得更完整。

最后，愿天下母亲先爱自己，再去爱孩子。

花开书页间

第五章

女性力量·
重塑家庭角色

***

周丽瑗

王茜

冯华

陈昭希

希望我们所有的女性朋友，都能看到自己
的价值，也能向这个世界柔和而坚定地发
出自己的声音！

当代女性要如何成长？

——女性力量版块

周丽瑗

    在生活的重担和家庭的牵绊中，许多女性走得格外艰难而隐忍。也许你正在经历一种挣扎：努力兼顾工作、家庭、孩子，却总是无法获得平衡。你或许会自责，感到自己不够好、不合格。但请停止这样的想法，花一点儿时间看看自己——你已经倾尽全力，做了那么多，只是为了让爱的人幸福。

    在亲密关系中，你可能付出了所有的柔软和耐心，却仍然难以被理解。甚至在最亲密的家人面前，依然有种无形的距离感和无力感。你是否会默默忍受，甚至怀疑自己，不敢表达真实的情感？

    这一切的努力和隐忍，绝不是因为你不够好或不值得爱，而是因为过往的家庭教育和社会框架让你习惯了牺牲自己。可是，你的辛苦和努力是值得被看见的。一个人的成长，不是为了别人，而是为了真实的自己。

让我们从这一点出发，一起进入女性成长的崭新的视角。

我很想问一下，你是怎么看待女性这个角色的，或者你认为女性应该是什么样子的？

有一次，我上课给学生讲"非暴力沟通"，在提到女性可以将内在的感受和需要表达出来的时候，有个女同学问我："老师，你的意思是说我们女人要懂得示弱，对吧？"

请问，你听到这句话心里是什么感受？

非暴力沟通的重点技巧在于温和而坚定地表达自己的感受和需要，但这位女同学给我的反馈是：当一个女人温柔地说话时，她能在关系中建立良好的沟通，然而这样在她眼里是在显示自己的"弱"。可是，当一个男人温柔地说话时，同样会在沟通中达到良好的效果，为什么没有人说男人在"示弱"？

＊＊＊

主流社会的"女性标准"

女性应该是什么样子的，或者什么样子的女性是受欢迎的，是不是在你心里有一个模糊的答案呢？"女人应该是感性的、情绪化的、温柔的、细腻的"——这些本应是女性的优势所在，现在却好像都被刻板化，成了衡量女性的首要标准，并引起了社会的推崇，甚至是成了取悦男人的标准。

想想看，这是不是主流社会认为女性应该有的样子，甚至是你心里也默认的理想女性的标准？

但你有没有思考过，这个标准从何而来？

我们身边总有声音在潜移默化地告诉每一个小女孩，你出生后应该喜欢洋娃娃、喜欢粉红色，应该学会温柔善良，并且要努力学习，这些都是为了以后可以嫁个好人家。好像女性天生就应该被培养成一个从属的、温顺的、照顾他人的形象。

但长大后的我们发现，一个女性的气质，可以是温柔的，也可以是坚韧的；可以是柔顺的，也可以是强势的。任何单一化和标签化的女性的气质，都如同把一个丰富多彩的世界硬生生地涂成了黑白两色，平庸而无聊。

再说温柔这个标准，好像和我们的体验也不相符。女性温柔好不好？

两情相悦时，温柔很好；关爱孩子时，温柔也很好；遭遇家暴时，温柔就不好了。

到底女性怎么样才算好？根本没办法用一刀切的标准来衡量。或者说，外界可以对女性有一个一刀切的标准，但我们身为女性，要为自己考虑：这个标准真的有在为我考虑吗？对我而言是有益的吗？

当主流观念也在试图统一"女性标准"的时候，我希望大家可以在自己心里对标准有个追问：这个所谓的标准，我自己接受吗？

***

女性是如何养成的？

当我们脑中有了这个警醒，接下来我们就一起探讨女性是如何养成的？

其实，女性并不天然就是女性，在很大程度上女性是被社会"教育"出来的。拿我自己来说，我对"女性要活出自己，但又不敢活出自己"这一点特别有感触。由于家庭的原因，我从幼时开始就在上海定居。大家也都知道上海是一个多么讲究自由平等和尊重女性的城市，所谓的海派文化里有很大的一部分是强调女性优势地位的。

可是在这样一个海派文化的大环境下，我接受的却是来自父母的传统教育，尤其是我的母亲。我母亲是一位非常传统、善良、喜欢为他人付出的女性，在她身上集结了很多传统美德，当然也包括传统观念对女性角色的定义。

我从小就是一个爱读书的孩子，但是妈妈对我说得最多的一句话就是："读书差不多就行了，关键是要嫁得好。"

虽然母亲一直这样教育我，但是由于我外在接受的是女性平等的文化思想，所以我在反抗母亲的路上一路狂奔——不管是晚婚，还是最后读到了博士。当然，但这些依然无法抹平母亲对我的内化教育。在我的内心，仍然会住着一个自我价值不高的小女孩。

你有没有类似的感触呢？因为没有达到妈妈对你的期待，所以内心某个角落隐隐觉得：我还是不够好。

我还记得我在做第一份工作的时候，有一位像大哥一样的前辈，在工作中对我悉心提点，让当时对职场规则一片空白的我，瞬间理清思路、顺利完成工作。我对他相当的认同和敬重。但是直到前不久，我跟我朋友聊起这位大哥的时候，才意识到这位大哥说的一句话深刻地影响了我。

那时候作为二十出头的姑娘，身边总是会有几个探头探脑的追求者。当我还在细心考察的时候，这位大哥跟我说："你就是一个非常普通的姑娘，你不要把自己想得太好，有人要已经不错了。"

我到现在还能记得我当时的心理反应："天啊，我原来如此的普通，我真的不应该自我感觉太好。"于是，我在自己的恋爱过程中，总是会无意识地把优秀的人给推开，留下一些条件并不如我的男人。

当然现在回头去看，我并不能去怪罪这位大哥。因为像"你不够好，你不优秀，你再怎么努力都不如男人"这样的话，最初的种子并不来源于他，严格来说，也不完全来自我母亲，而是来自社会文化。

我现在有了更加丰富的经历，也慢慢地拼凑起了那些破碎的自我。而我在一次次处理不同的成长议题的时候——比如自尊、亲密关系、人生方向等，我就会发现这些议题背后都有一个看不见的手。

好像有一个小女孩，她本在明亮的玻璃房子里长大，但是这个玻璃房子里总有一个喇叭在不断地说："女孩儿应该长成这个样子！"这个声音伴随着她长大，无意识地出现在她人生的各个关键时刻，她总会按照这个声音去做，而不是遵循内在的心声。直到她醒来的时候，才意识到这个大喇叭所传出的声音，是她所有的那些心理议题的背景音。

当这样的探索开始后，就像是楚门打开了通往外在世界的大门，身后的世界里那些言论和声音渐渐凸显和清晰了起来。同时，这一路上也有太多女性朋友们，用自己一个个鲜活的生命历程来佐证这些探索，我也在她们的故事中一次次照见自己。

我们的潜意识里总认为男性是刚强的，女性是温顺的；男性有更好的基因优势，女性相对属于从属地位；男人逻辑能力更强，女性感性能力更强；男人通常情绪稳定，女人往往更容易情绪化。

可在我的身边、在我接触的个案里面，我看到的更多的是只有人和人的区别，并没有男人和女人的区别。我遇到很多很温顺的男人，我身边也有非常多豪爽的姑娘。我看到很多优秀的女性承担了家庭经济重任，也有很多男性承担了家里的主要家务。很多女性情绪管理能力和承压能力非常强，而一些男性的脾气倒是一点就爆。为什么社会告诉我们的，和我们实际看到的不一样呢？

有太多的信息来告诉我们男女的差异是天然的，是根深蒂固的。而当我带着这样的意识去回忆自己人生的时候，我却发现我应该如何做一个女孩并不是由我的基因决定的，更多的时候是来自于父母、老师和社会的教育。也就是说，关于性别的定义，其实是有生理性别和社会性别的区别的。真正影响我们心理发展的显然是后者。

中国女性的性别觉醒

究竟女性是如何养成的？女性的力量是如何失去的？我们要如何辨别哪些是自己的声音，哪些是被这个社会规训的声音？我们要如何做回我自己？在执业近10年的时间里，我看到了太多的中国女性在性别的刻板印象里作茧自缚，在性别偏见里苦苦挣扎。几乎我遇到的每一位女性都跟我说过她们在成长的过程中所受到的性骚扰事件；还有很多职业女性，在职场上受过不公平待遇；也有不少女性在遭遇家庭暴力后，仍然想要大事化小，小事化了……而当女性为这些不公平发声的时候，却被指责太矫情、太玻璃心；更有女性根本意识不到自己脑中的性别差异，而将自己的人生画地为牢。

我们努力学习、获得高学历、争取不错的工作，靠努力奋斗得到想要的生活。即便我们得到的薪酬比同岗位男性的工资要低31.8%（数据来源于BOSS直聘发布的《2021中国职场性别薪酬差异报告》）。

可是，当我们以为大有可为的时候，却遭遇到了在婚恋市场上的种种挑剔："你怎么是个大龄剩女了啊！""你长得太瘦了，不好生养吧！""学历这么高，应该很难相处吧？"

当被用男性的审美眼光审视时，女性在情感中卑微的底色被呈现了出来，让我们刚刚抬起的头又低了下去。经济独立我们做到了，可我们的精神独立却如此艰难。

在年龄焦虑、外貌焦虑的裹挟下——更严重的是在生育焦虑的逼迫下，很多女性产生了一连串的不良反应：将就地结了个婚，着急她生了个娃，之后便陷入育儿焦虑。如果能重回职场的，必然拼尽全力，可回头却发现只有自己一个人在拉扯着全家往前走；而回不了职场的，又可能面对隔几年就暗流涌动的婚姻危机，逐渐失去了自我。

如今离婚率很高，且大多是由女性提出的。很大程度上，原因在于这些女性一开始的决策就是错的。而做出这些错误的决策又有很大一部分原因是女性在各种焦虑的笼罩下做出了不得已的决定。

*　*　*

女性的成长路程

其实，从心理发展周期的角度来看，女性的成长之路会比男性更加复杂和曲折。

比如，青春期是一个人建立自尊最关键的时期。而由于我们长期存在性羞耻的观念，使得很多女孩面临月经初潮和性发育的时候，不但无法建立自尊，反而还会产生深深的羞耻感。但男女本无区别，至少在3岁之前女孩和男孩没有太大的区别。很多时候"男女有别"的观念其实是来自于我们的家庭文化、我们的社会环境——尤其是我们整个社会对男女性别角色的刻板印象。

成长这件事一旦在某个阶段落下，就可能引起下一个阶段的心理成长任务无法顺利完成。长年累月地积下来，再加上女性还要肩负抚育后代的重任，使得她们还没有时间去修补自己，就已经被"拔苗助长"地成为一位母亲了。然后，这种创伤就代际传递了下去。

如今，越来越多的女性意识到：我们都是"本自具足"的，也没有女人天生低男人一等的说法，是时候在我们这一代停止"男女有别"的想法了。

以上看似是女性的心理发展过程，背后则是社会文化那只看不见的手——无论中方或西方都未能逃过这只手。

前面说过了，女性是由这个社会教育出来的，我们会不知不觉中认同很多社会给女性设定的标准。这些标准本身无所谓好与坏、对与错，但问题在于我们常常会盲目地遵从，而不去思考这些标准是不是足够合理，不去理会自己真正想要的是什么，从而用性别枷锁牢牢地束缚住自己。有时我们只看到一条道路，主动砍断了更多的可能性。当我们能对此有所意识，也许很多的压抑、不甘心、气恼，都能找到答案和出路。

当然，对于此，不同年龄段的女性可能也有不一样的感受。由于我接触的女性的样本量足够多，所以总能在不同的女性身上看到她们分属于不同时代的烙印。每个人都有各自的悲欢离合和各自的心理议题，也都有各自所面临的困境。下面这部分内容，你可以以此对照身边的女性，能帮你更好地去理解她们。

六〇后、七〇后的女性，她们的整个成长阶段基本还是以追求物质满足为首要任务的。在那个年代，我们的国民生活水平都是相差无几的，也就是说大家处于同一条起跑线上。所以，想获得很好的物质生活，就只有靠艰苦奋斗，这一点当时对于男性和女性都是一样的。因此，在从小的教育观念里，女性都是颇有力量感的存在。这份力量一方面让我们认识到女性要自立自强，但同时也让我们过度认同了这份自强，而让自己非常辛苦。

看一看你身边六〇后、七〇后的女性，是不是这样的？这两个年代的女性朋友身上总有一些共性：忍辱负重的能力特别强。所以，我们六〇后、七〇后的女性朋友要解决的，就是外强中干的问题。

八〇后的朋友们，有和七〇后相似的文化背景，但是比七〇后陷入更多的物质焦虑，因为八〇后出生后就身处改革开放的浪潮中，也就是说一出生就加入了一场场你追我赶的赛跑，房价和育儿焦虑是这个年代的朋友一直以来要面临的最大的压力。但更难的是，他们五〇后的父母在成长的过程中经历了重要的时代创伤，所以代际传递了一些生存焦虑以及无法做自己的焦虑。以上是无论男女都会经历的，但八〇后的女性朋友们，内在还是遵从传统女性刻板印象的标准——比如要贤淑良德，于是在面对经济压力时，往往要求自己既要在生活上做到符合传统形象，同时又要在事业上独当一面。

所以八〇后的女性给我的感觉往往是腹背受敌：一面深陷各种焦虑，另一面要拼命成长自己才能抵抗这些焦虑。

九〇后的朋友们，看似比六〇后、七〇后、八〇后们都有着更自主的空间，对做自己这个话题更有选择权，他们的物质生活也相对富足。但我所接待的来访者里，九〇后并不在少数。有相当一批九〇后是中国第一批留守儿童，也就是在他们的成长过程中，由于城市经济建设重心的转移，有一大批九〇后的父母涌入一二线城市去打工，而疏于对孩子的情感交流。所以很多九〇后的孩子看上去是很独立，但其实很多时候是一种"伪独立"。他们的内在依然需要爱和关怀，只是在成长的过程中一直得不到，索性就不要了。成年后，在亲密关系中那份渴望被再次唤起，然而又缺乏跟人相处的能力，从而在亲密关系中遇到重重问题。

　　即使不是留守儿童，大多数六〇后的父母们忙于生计而忽略了与九〇后的孩子们进行情感交流，所以在我的观察里九〇后们看似独立、实则不会爱的现象蛮多的。而其中的女性朋友们，又是看着一些你争我夺的文化作品长大，让内心有了更多的恐慌感。为什么我们说现在经济发展了，精神反而落后了呢？我想，现在是一个需要全民来反视的时刻了，在追求高速发展的过程中，我们忽略了太多。而时代的一粒灰，落在我们任何人身上都是一座山。

　　我希望阅读至此的朋友们有一个意识，除了我们自身在心理上进行疗愈和成长之外，我们还可以去承担一个非常重要的任务，就是所有女性共同进步。

　　只有女性帮助女性，我们才能推进真正的平等的到来。

希望我们所有的女性朋友，都能看到自己的价值，也能向这个世界柔和而坚定地发出自己的声音！

在未来，一个可以终身学习、持续成长，一个思想有厚度、专业有深度、情感有温度的人，是很难被人工和机器所替代和淘汰的。

规划要趁早

——高考不只是填报志愿那么简单

王 茜

10年前，当我作为一名主管企业员工发展和培训的HR[1]时，我便将"职业规划"的认识拓展到"生涯规划"这个维度。我发现，一个人不只有"职业"这个维度，一个人终身的发展不是从大学毕业后进入工作岗位开始的，而是在他出生后求学求知的每一个阶段都存在的。如果在求学的每一阶段都能获得相应的能力、提高相应的认知，那么进入到下一求学阶段时才能从容应对。而相应的能力和认知是可以通过引导和规划完成的。

1.HR: Human Resources，简称"HR"，即人力资源或人事，最广泛的定义是人力资源管理工作，主要负责企业人力资源规划、招聘、培训、绩效、薪酬和劳动关系等。

以下我将通过三个高考规划个案为大家呈现"规划"的必要性以及趁早规划的重要性。

***

规划，让孩子成为更好的自己

小吴和他的妈妈跟我见面的场景让我至今印象深刻。不同于其他家长的滔滔不绝，小吴妈妈坐下后并不急着开口，小吴也不开口，我们仨大眼瞪小眼地静默了近一分钟，小吴率先开口了："老师，我想学个不太用说话的专业。"他说话很慢，每一个字都像鼓足了勇气，一字一字地说出来。说完后，他脸微微得红了。小吴妈妈看着儿子的表现满意地笑了，又向我解释道："孩子有点儿口吃，这是他第一次跟陌生人说一句完整的话时没结巴，就是语速太慢了。"那一刻我理解了我们一分钟的沉默和小吴讲的这句话的含义。

我询问了小吴的高考情况，得知他选的考试科目为"物化生"，高考分数为 569 分，同时确定了他的具体位次，又查看了小吴的体检单，确认了他的裸眼视力、矫正视力、散光程度，再次跟他本人确认没有色盲、色弱后，我笑着跟他说："从专业上来说，你'物化生'的选科除了限选政治的公安学、马克思主义理论以及限选历史的历史学，其他专业你都可以选。根据你的要求'不太用说话'，那么我们需要删除掉一部分职业，比如教师、销售、售后，未来你的职业发展也最好围绕技术精进，而不是向管理方向发展。基于以上三个条件筛选，适合你的专业可太多了。"接下来我们都没有纠结于小吴的口吃问题，开始了围绕专业的探讨。我发现，虽然小吴说话很慢，但是对自己的认知很清晰，他很明确自己想学理工科。

我们的沟通很慢但很顺畅，我跟他讲了在工科专业的领域该如何考量院校、专业、地域这三个维度，在与"双一流院校＋热门专业"无缘的情况下，怎样选出那些虽然在学科评估中排名没有那么靠前但是专业前景好、院校在行业中认可度高、就业好的专业，以及具体的院校志愿填报的方法。最终，小吴被中国民航大学的电子信息工程专业录取。但我能看出小吴还是因为口吃的问题对自己没什么自信。于是，我在得知他的录取信息后，又针对这个问题和他聊了一次，我给了他三个建议：

一、鉴于他所学的专业和未来可能进入的行业，应用英语的场景会比较多，我建议他入学后加强英语的学习。语言是思维的表达，换个语言可以换个思维方式，那么困扰他的口吃问题可能会随之减轻，甚至得到解决。

二、语言的目的是沟通，从心理上卸掉"口吃是个大问题"的包袱。说话慢，那就慢慢说，能用语言清晰地表达自己的意图就可以了。

三、如果他还是介意口吃的问题，那么我推荐他看一部叫作《国王的演讲》的电影，帮助他通过有效的练习克服口吃。

寒假时，小吴带着天津大麻花来给我拜年，他兴奋地跟我讲他这一学期以来的收获。我发现他的语言表达能力提高了不少，虽然偶尔还会口吃，但是看起来他并没有因此受到很大的影响。他对我说："王老师，我觉得做一个有点儿结巴的飞机工程师也是可以的。"

这几年，我和小吴一直保持联系，他在大三开学的时候又找我做了一次咨询，当时他纠结是先工作还是考研，我再次根据他的个人情况帮他分析了考研和工作的利弊、分析了几所考研院校的情况，并给出了考研建议。现在小吴已经顺利"上岸"，考研成功。

小吴的故事让我看到，每个孩子都有自己的优势与短板，也有适合自己的发展方向。在高考分数已成定局的那一刻，我们既要"远观全局"，也要"近看孩子自身"，要懂得倾听孩子的心声：孩子喜欢什么，惧怕什么，擅长什么，可能有哪些方面的不足。如果我们不着眼于孩子自身、不倾听孩子的心声，让口吃的小吴去选择一些他不擅长、不喜欢的专业，那也许可以想见小吴的大学生涯会有多痛苦。对此，小吴也常常对我说，他很感谢他的妈妈，她虽然文化程度不高，但在他成长过程中妈妈读了很多关于孩子养育、家庭成长的书籍，她知道每个孩子成长都有不同的路径，要选择适合自己孩子成长的那一条。同时，她也很清楚，高考志愿并不只是填报一个专业、填报一个学校那么简单，而是事关孩子未来的发展方向和日后的职业生涯。她通过找专业人士帮忙规划，帮助孩子成为更好的自己。

＊＊＊

规划，到底应该听谁的？

第一次见到楠楠和安雅时，我的印象是"浩浩荡荡"——他们两家共来了 12 个人：楠楠、楠楠的爸爸妈妈和她的两个弟弟，安雅、安雅的爸爸妈妈、爷爷奶奶、姥姥姥爷，这两家人坐满了我的咨询室。楠楠和安雅是一对小闺蜜，小学时她们是同桌，两人之后进了同一所初中，中考时两人考进了同一所省重点高中，后来又选了同样的选科——"化生政"，高考时竟又考了同样的分数——585 分。

落座后，楠楠的爸爸就急吼吼地开口了，他紧皱着眉头、眼神茫然地对我说："老师，你帮我们选吧。孩子的分数比模考低太多了，原本想学的法学专业现在报不了，我不知道她还能学什么。"我转头看楠楠，楠楠低着头未置可否，但是我察觉到了她对爸爸这种焦虑情绪的麻木和"屏蔽"。

看着楠楠陷入沉默，安雅妈妈接着开口了："我们安雅高中成绩不如楠楠，这次捡漏和楠楠考了一样的分数。"安雅笑嘻嘻地说："我这次的考试运太好了，数学比平时多考了 20 分，这是我没想到的。小楠楠高中成绩比我好太多了，这次高考是因为她被她弟弟传染了病毒，发烧影响了她的发挥，才考砸的。"

我望向楠楠和安雅说："那你俩分别说说想学什么专业吧。"

楠楠依然低着头。安雅先说道："我原本是想出国的，但是这几年国外局势动荡，家里人都不同意我出国。我想学法医挺不错的，而且我想去北上广深这些大城市上大学。"

安雅说完，楠楠还是没开口。楠楠爸爸就接过了话茬："我们家比不上安雅家，我们家还有一对双胞胎男孩。我们没有出国计划，我原本是想让她学法学，结果她考的这个分数'五院四系（国内五所政法院校和四所大学法律系的合称）'想都不要想，我真是接受不了这分数。"说完，楠楠爸爸又叹了一口气。

在此过程中，楠楠一直没开口。我转头问楠楠："除了法学你还想学什么专业？"楠楠进屋后第一次发声："我不知道，法学也不是我想学的，是我爸想让我学的。"

"什么叫我想让你学的？问你想学什么，你一问三不知。我可不就帮你拿主意了吗？现在考了这么点儿分数，你还耍起脾气来了！"楠楠爸爸发火了。我从楠楠爸爸落座后的一系列发言听出来，学法学这个想法并不是出分后的决定，其实是一个长期规划的目标。于是我问楠楠爸爸："您是什么时候开始准备让孩子学法学的呢？您想让孩子将来从事什么和法律相关的工作呢？是做律师，还是进公检法系统？或者打算进大企业做法务吗？"

楠楠爸爸说："我没想过让孩子从事什么具体的工作，只是看朋友家姑娘考上了中国政法大学，后来在北京当了律师，回家都坐头等舱。工作了几年后，这姑娘的妈妈说自己年纪大了，希望姑娘能回她身边，姑娘就回到了本市，现在就职于一家大公司，听说年薪高达

30万。我觉得我姑娘的学习成绩不比她差，这条路也走得通。结果，她考了这么点儿分。唉！"

我又问楠楠，觉得她爸爸的规划怎么样？她想过这样的生活吗？楠楠看着我，说出了她进咨询室后最有力的一番话："老师，我不知道我想不想学法学，我也不知道我想过什么样的生活。我知道的是，我们不能光看别人光鲜亮丽的那一面，他们可能还有不为人知的另一面。其实我爸也不懂学了法学能干什么，但我知道他希望我能懂事、能体贴家里人，去读一个给家里人'长脸'的学校和专业，将来能挣很多钱帮家里、帮弟弟们。"楠楠说完就直直地盯着她爸爸。她爸爸的脸色由红转白，想发作但被楠楠妈妈拦住了。

我看了楠楠的成绩，发现就像安雅说的，楠楠因为高考期间生病导致考试状态不好，尤其是语文和数学。我了解到高考第一天和第二天，楠楠一直持续高烧39℃以上，考完英语她的体温才降下来，体温正常后的楠楠"化生政"考得都不错。更难能可贵的是，楠楠的视力非常好，两眼裸眼视力达到了5.0，但楠楠并没有做提前批招生的规划。我觉得楠楠可以利用自己的视力优势，在提前批报考警校。我问楠楠："你能接受做女警察吗？"楠楠想了下表示自己愿意试试。我又对楠楠的爸爸妈妈说："警校本科毕业后可参加公安联考入警，如果不想入警也可以接着考研，那时候再读法学或者其他公安类研究生也可以，我觉得对女孩来说是个不错的选择。"楠楠爸爸在听到我关于警校的介绍和规划后，露出了进咨询室后的第一个微笑。

轮到安雅了。我问安雅她为什么想当法医。安雅告诉我，她选择的理由是那段时间迷恋电视剧《法医秦明》。于是我笑着问她："你闻过农村粪坑的味道吗？"安雅不明白我问她这句话的意思。她爷爷接过我的话茬儿对她说："你记得老家三奶奶家葡萄地的味道不？就是那个味儿。"我又跟安雅解释，如果她选择学法医学，就要做好一定的心理准备。比如，能否接受一些异常的味道。安雅听后，表示要再多了解了解，后续再进行进一步的讨论。

楠楠和安雅的规划是我这些年规划方案的冰山一角。但却让我深思一个问题：在人生规划的这个问题上，我们究竟应该听谁的？其实我们可以看到，不管是家长还是孩子，很多时候都存在一些认知盲区，有时会以"外在的风光""一时的喜好"来规划生涯，甚至做决策。比如楠楠爸爸其实并不清楚学法学以后到底要做些什么，只是参照周围邻居的小范围样本为楠楠做了规划，认为学法学将来能"赚大钱""很风光"。同样的，安雅在对自己的规划中，也有"一时冲动"的成分，她仅凭对一部电视剧的热爱而决定要选法医专业，但她其实并不清楚学法医要面对些什么，这些是不是她可以承受的。

所以，在进行生涯规划时，我们不能仅仅凭借"外在的风光"或"一时的喜好"来做决定。家长应该更加深入地了解不同专业的实际情况和未来的发展前景，避免基于小范围样本或片面认知为孩子规划人生。孩子也需要对自己感兴趣的专业进行全面的了解，不能仅凭一时冲动就做出选择。家长和孩子可以通过查阅资料、与专业人士交流、参加职业体验活动等方式，深入了解各个专业的学习内容、职业发展路径以及可能面临的挑战，从而做出更加理性和适合自己的人生规划。

对于家长来说，除了和专业人士交流，深入了解不同专业的情况外，还可以多关注孩子的个性特点和潜力，像楠楠就可以很好地运用她的视力优势做一些合理的规划。所以家长应该根据孩子的实际情况来引导他们选择适合的专业和职业道路。比如，如果孩子具有较强的逻辑思维能力和分析问题的能力，那么他可能更适合从事理工科类的专业；如果孩子善于与人沟通、富有创造力，那么艺术、传媒等专业或许更能发挥他的优势。

对于孩子来说，在选择专业时不能仅仅局限于眼前的兴趣。兴趣可能会随着时间的推移和经历的变化而改变，因此需要对自己的兴趣进行深入分析和思考。例如，自己对某个专业的兴趣是源于该专业表面的吸引力，还是真正对其核心内容有深入的了解和热爱？另外，建议孩子可以参加一些相关的社团活动，检验自己对不同专业的适应能力和热爱程度。

在前景规划上，家长和孩子之间的沟通和交流应该是平等的、开放的。家长要尊重孩子的意见和想法，不要强行将自己的意愿强加给孩子。孩子也应该认真听取家长的建议，毕竟家长有着更丰富的人生经验和社会阅历。在沟通的过程中，家长和孩子可以一起分析不同专业的优缺点、未来的发展趋势等，共同探讨最适合孩子的人生规划方案。

同时，在填报志愿中应注意避免以下误区：

一、只看学校名气。过分关注学校的综合排名和知名度，而忽视了专业的选择。如果为了上一所名牌大学，而选择了一个自己不感兴趣或不擅长的专业，孩子可能会在进入大学后缺乏学习动力，影响其学业成绩和未来的职业发展。

二、盲目跟风热门专业。只看到某个专业当前很热门、就业前景好，就盲目地跟风报考。其实，热门专业往往竞争激烈，报考人数众多，录取分数线高。而且，热门专业的就业市场可能随着时间的推移而发生变化，等到毕业时该专业可能不再热门，孩子的就业压力就会增大。

三、不了解专业内涵。只看专业名称，不了解专业的具体内容和课程设置，就盲目报考。

此外，人生规划不是一成不变的，随着孩子的成长和社会环境的变化，可能需要不断地进行调整和优化。因此，家长和孩子要保持开放的心态，准备随时应对各种变化，为孩子的未来发展创造更多的可能性。

分享了这么多，我最想跟各位家长强调的是"规划要趁早"：小学阶段的孩子需要规划兴趣，培养各种良好的学习和生活习惯，对阅读能力、专注能力、独立解决问题的能力进行全面规划。初中阶段的孩子在精力管理、多学科等方面要加强规划，同时引入学业生涯规划、职业生涯规划的理念，帮助孩子将自己的兴趣、能力与未来选择的职业结合，对孩子学习成绩、能力发展、家庭支持进行定位，对孩子的学业进行多路径规划。正所谓条条大道通罗马,成功的路径不只有一条,帮孩子找到适合自己的那条道路,按照孩子自己的意愿走下去才能获得最后的成功。高中阶段,孩子课业压力大增,需要家长陪同孩子进一步探索自己的兴趣边界,挖掘自己的潜能,做好定位。在选择科目的问题上,一方面要面向未来进行选择,另一方面要根据自己的实际得分能力进行选择。在专业选择上,一方面要顺应国家的发展规划进行选择,另一方面要根据孩子自身的兴趣、能力、家庭资源等综合考量。

总有家长问我学什么专业才能在未来不被 AI 取代,我想,我很难选出某一个在未来不会被 AI 取代的专业。但我认为,在未来,一个可以终身学习、持续成长,一个思想有厚度、专业有深度、情感有温度的人,是很难被人工和机器所替代和淘汰的。

最后,想和各位家长说的是,规划要趁早,但何时开始都不晚。

我们在看似"无为"的同行中担起身为父母的职
责，适度引导却不过度干预，如无声细雨滋润孩
子的心田。

我们为什么要"插手"
孩子人生？

冯 华

　　我的女儿就读于香港浸会大学，在香港多元文化的社会环境中，她不仅学业有成，还以出色的综合能力被选为内地生在港学生会主席。她成了连接五湖四海学子之间的桥梁，与他们携手共进，在相互学习与理解中共同成长。

　　尤为令人骄傲的是，女儿凭借不懈的努力和优异的成绩，两度荣获学校颁发的奖学金。这份荣誉不仅是对她学业成绩的肯定，更是对她综合素质与努力付出的高度认可。这份璀璨的光环，不仅照亮了她的求学之路，也映照出了荣誉背后她在无数个日夜里的辛勤与汗水。

　　对于一个出身于普通家庭的孩子来说，能够凭借自己的坚持与家长的悉心引导，最终踏入一所优秀的大学、学习自己热爱的专业，这其中的喜悦与满足无以言表。这不仅是她个人成长的里程碑，也是我们全家共同的骄傲。

＊＊＊

"放养"还是"严管"，谁都走过弯路

在孩子到底应该要"放养"还是"严管"这个问题上，我认为不能简单地一概而论，而要根据不同的情况，针对孩子身心发展水平和个性特点，严慈相济，才能取得平衡。对孩子无限制的放养有时就等于过度放纵，在孩子身心发育还不健全的阶段，任其自由散漫生长，或许对天赋型孩子来说是绝佳土壤，但对大多数孩子来说，稍有不慎，便可能让他们迷失方向。同样的，严管并不等同于严厉的惩罚，并不是要让孩子生活在一种父母的高压控制之下，"管"应该成为一种有原则、有目标的引导。我相信，在孩子的成长道路上，他们需要的既非简单的放任自流，也非高压的控制管理。

"孩子是家长最真实的镜像。"这句话的深意，我深有体会。在成为母亲之前，我的生活如同一条经自我严格审视的河流，在规则范围内沿着河道流淌：我严格要求自己，成了一名优秀的职员、一名合格的妻子、一个体贴的女儿。我把对自己的严苛投射到身边最亲近的人身上，却未曾察觉自己思维的狭隘与情感处理的粗糙。平常生活中，虽与丈夫偶有争执，但我也未曾深究那波澜背后暗流的成因。

女儿的降临，如同春风拂过平静的湖面，激起了我内心层层细腻

的波纹。我沉浸于育儿书籍的海洋，渴望为她铺设一条光明的知识之路。那些挑灯夜读的夜晚，灯光下的我翻阅着一页页育儿指南，心中满是对女儿未来的憧憬，却未曾照见自己的影子。

女儿的小学时光，是一段我们一起探索与成长的旅程。那时，隔壁一位温柔的妈妈曾提醒我，她觉得我对孩子有些严厉。我那时只是心中微动，觉得自己可能是有些苛刻，但改变的方向依旧模糊，如同雾中寻路。

记得有一次，我从孩子姥姥那里得知，女儿对她撒了个小谎。那一刻，我很愤怒，不顾一切地将女儿拉进卧室，开始了一场没有温度的训斥。女儿不停地流泪，可我却从来没有问过她为什么说谎，是出于好心，还是出于害怕。我都没有好好地去了解缘由，只是任自己的情绪主宰，在自以为是的"严管"中，将问题的真相与源头"扼杀"在情绪之下，失去了一个很好的教育契机。

还有一件事，也让我深感愧疚。那次，我在给年幼的女儿洗脚时，急于为她添加热水，不慎烫伤了她稚嫩的小脚。女儿因为脚痛而埋怨我，而我却在怪她大呼小叫地跟长辈说话。我没有好好地去反思孩子是因为我的疏忽而受的伤，更没有想过她有多疼。

那些日子里，我常以父母的权威去压制一切分歧与不解。所以，当女儿在学校犯错时，她会选择悄悄地告诉父亲，却不敢直面我的目光。我事后得知，心中五味杂陈，意识到自己在她心中的形象或许已布满了阴影。

让我真正意识到我需要做出改变的，是女儿三年级那年，她去北京参加夏令营，那是她期待很久的一趟冒险旅程。在夏令营里，女儿仿佛置身于一个全新的世界。她积极参与各种课程，从逻辑思维训练到团队合作游戏，每一个项目都让她好奇与兴奋。我记得她兴奋地向我描述如何用策略击败对手，又如何在团队项目中学会倾听与妥协。我为此感到高兴。

　　然而，当夏令营的书面报告悄然降临，我初时的喜悦逐渐被一种复杂的情感所取代。老师详细地记录了女儿在团队中的表现，那些被表扬的坚韧与创造力的背后，也隐藏着一些我未曾察觉的问题——她对待失败的态度过于苛刻，对同伴的失误常常难以包容。这些行为，如同一面镜子，映照出我对她那些不经意间流露出的苛责与完美主义。

　　我回想起女儿在家的日子，她那双充满探索欲的眼睛在面对我的批评时，总是闪烁着不解与委屈。我记得有一次，她因为做错了一道数学题而自责不已，我却在旁边冷冷地说："这么简单都会错，你怎么这么不用心？"那一刻，她的眼泪在眼眶里打转，却强忍着不让它落下。如今想来，那些话语如同锋利的刀刃，无形中在她的心上刻下了伤痕。那些我对丈夫、对孩子随口说出的"你要如何如何""你怎么总是这样"的话语，不仅伤害了丈夫，也悄然在女儿心中种下了"指责"的种子。

　　我开始意识到，女儿不仅仅是那颗在夏令营中闪耀的星星，更是一个需要被爱、被理解、被包容的孩子。她的每一种情绪、每一个反应，都是对我作为母亲角色的考验与提醒。

很巧的是，也正是在那段时间，我在女儿摊开的日记本里不经意地读到了女儿的心声。原来，在我自以为是的母爱光辉下，在我自认为负责的"高标准严要求"下，女儿成长得并不快乐。

这让我进一步意识到孩子的世界远比我们想象的脆弱，他们尚未拥有成年人那般坚韧的内心与自我疗愈的能力。这份沉重的认知让我惶恐不安，但也成了我成长的契机。我开始冷静地审视自己的行为，追溯问题的根源，庆幸自己能够及时发现并正视自己的错误。

于是，我鼓足勇气，与女儿进行了一次心贴心的对话。我坦诚地与她分享了自己的想法，解释了那些行为背后的原因。更重要的是，我真诚地向她道歉，为我的疏忽与伤害寻求谅解。女儿听后，泪水夺眶而出。虽然她并没有说什么，但我想在那一刻我们母女达成了一定程度上的和解。我们都在学习成为更好的母亲与更好的女儿。

自那以后，我也踏上了自我提升与改变的道路。我翻阅各类心理学书籍，参加各种沙龙活动，向专业人士求教，并在中科院学习了两年儿童心理学。这些学习不仅拓宽了我的视野，更让我学会了如何以更加科学、更加温柔的方式去理解孩子、教育孩子。

我逐渐调整了自己的思维方式，改变了言行举止，努力成为一个更好的母亲。这些细微的变化，孩子都能敏锐地感知到，我们的关系也因此变得更加和谐与亲密。不仅如此，这份改变还像涟漪般扩散开来，影响了我与家人之间的亲密关系，以及我在人际交往中的表现。

正是因为我和女儿之间建立了坚实的信任与沟通桥梁，我们才能无惧风雨，携手前行。她愿意相信我，与我分享她的梦想与困惑，而我也得以更加清晰地和她一起探讨、规划未来的道路。这一切的改变与成长，都让我们更加坚信，只要心中有爱、有勇气面对自己的不足，并努力去改变，那通往幸福与成功的道路就会越来越宽广。

*** *** ***

成长路上，做孩子的"同行者"

自女儿初中起，我们便会一起探讨她喜欢什么，探讨她未来发展的方向。女儿很喜欢画画，说想要学习美术，从事设计类专业方向。当时，孩子爸爸其实心里是有些保留意见的，但我们全家经过认真讨论后，在看到孩子的"喜欢"和"热爱"后，决定步调一致地支持孩子的想法，做她人生道路上的同行者。然而，随着女儿步入重点高中，并决定兼顾美术与文化课程，外界的看法与压力也逐渐显现。

女儿在重点高中，即便她要分身学习美术专业课，也依然能保持中等偏上的文化课成绩。连老师都很惊讶于她的决定，觉得有些可惜。亲朋好友中也有不少人对我们的选择持有不同意见，他们认为按部就班地上名牌大学、选就业前景好的专业才是稳妥之路。

高考结束后，女儿文化课成绩在全省 50000 多名艺考生中，排名第 6。于是，我们全家又一起讨论如何择校。最终决定在充分尊重女儿意见的基础上分两步走：一边以高考成绩参加内地统招，一边提交了香港两所大学的申请。作为家长，我们能做的就是提前规划，把不确定因素和各种风险尽可能降到最低，提供多个备选方案，将具体选择权交给孩子。

在我们填报的两所香港的大学中，香港浸会大学开设的艺术与科技专业在女儿高考那年是首次招生。我们帮女儿很细致地比对、研究专业，对专业课程设置和发展方向进行深入的了解，女儿结合自身兴趣、未来发展前景等多方面因素，最终决定去香港浸会大学就读。女儿在香港的这两年，不但学习成绩较好，还积极组织各种社团活动，同时还参加了学校 AI 动画项目组，是组里除了计算机专业老师和博士外，唯一的在读本科生。尽管女儿每天都很忙，但我们能感到她累并快乐着，充分享受着美好的大学生活。现在女儿已经制定了下一个目标并为此积极努力，而我们也会继续支持她的人生选择，成为她人生路上的"同行者"。

在女儿的成长中，我们不止是在人生大方向的选择上会尊重她的意见，在一些日常小事中我们也努力做到负责但"插手"有度，把选择的权利交给孩子自己。

***

父母尽责任，"插手"更有度

自女儿呱呱坠地那一刻起，我就开始阅读育儿书籍，心中满溢的不过是一个母亲朴素的愿望——愿她健康成长、笑容常在，未来能追随内心的热爱。尽管未曾为她绘制宏伟的蓝图，但在启蒙教育的道路上，我始终步履坚定。

在女儿年幼时，因为我们夫妻工作较忙，孩子的姥姥也帮我们一起教养孩子。我们家对女儿的教育准则是"寓教于乐"，我们没有勉强孩子一定要认识多少字、会做多少数学题，而是在生活中通过潜移默化让她自然习得。那时，孩子的姥姥常伴她左右，她们会一边做剪纸手工，一边在作品中巧妙地融入汉字，女儿在玩耍中不知不觉地对文字产生了浓厚的兴趣。渐渐地，无论是等车时的广告牌，还是旅行途中的路标，都成了女儿了解汉字的乐园。这份"无痛启蒙"悄然生根，女儿也就此很自然地爱上了阅读。

在上幼儿园时，女儿就很喜欢翻阅小说。早上，常常是我们还没有醒来，她就已经翻着一本书"咿咿呀呀"地开始了她的阅读。女儿的这种阅读兴趣一直伴随着她的成长。她阅读范围很广泛，从畅销的寓言故事到经典的文学作品，无不涉猎。记得某个清晨，我发现还是小学生的她正捧着一本《谁动了我的奶酪》。那是我们刚买不久的书，本打算有空再读，却不料女儿已先行一步。尽管书中的深意或许她还未能全然领悟，但那份探索未知的勇气与乐趣，已足以成为她成长的宝贵财富。自从女儿进入小学，她就与《哈利·波特》系列结下了不解之缘，那套书成了她手中常翻的宝贝。阅读的力量在她心中悄然累积，为她日后的学习与思考奠定了坚实的基础。这份积累虽非一朝一夕可见成效，却如同长流的细水，滋养着她的心田，让她在未来的道路上更加从容不迫。

除了阅读习惯的养成，我们也很重视培养女儿的独立能力。从拥有自己的小房间，到独自整理书包去上学、整理行李去旅行，再到独自参加夏令营和海外游学，每一次放手都是对她的信任与鼓励。如今，她一面准备着研究生的托福考试，一面自学起了西班牙语。这一切的自信与勇气，想必许多都源自生命早年的那些启蒙与积累。

回望来时路，我深知孩子的成长是一场马拉松而非短跑，需要我们家长的耐心与坚持。从学科启蒙到兴趣爱好的培养，从日常习惯的养成到未来专业的抉择，每一步都凝聚着我们对孩子未来的深思熟虑。我们在看似"无为"的同行中担起身为父母的职责，适度引导却不过度干预，如无声细雨滋润孩子的心田。

在未来的日子里，我将继续以爱与耐心为伴，陪伴女儿勇敢地面对人生的每一个挑战和机遇。我相信，在我们的共同努力下，她一定能够绽放出属于自己的光彩，成就一番属于自己的事业和人生。我相信，那些过往看似微不足道的努力与坚持，也会如同一块块基石，搭建起女儿通往梦想的道路。而我，作为她年幼路上的引路人与成长路上的同行者，将始终怀揣爱与耐心，陪伴她无畏前行，在每一个她需要我的时刻给予最温暖的鼓励与支持。

最后，我想我也要感谢我的女儿。是她让我学会了以更加平和的心态去面对家人和自己，学会不再苛求完美，允许每个人犯错，也允许自己犯错。我和女儿的交流变得温柔而深入，我们分享彼此的梦想与烦恼，我学会了倾听，而非仅仅是指责与说教。

我想，我们每个人都是独立的个体，都拥有自己独特的光芒与思想。在这个多彩的世界里，相互尊重彼此接纳，应该成为我们共同成长的基石。而对于孩子而言，我们家长的这份理解与支持，也许比任何物质的给予都更加珍贵。

幸福并非遥不可及，它其实一直潜藏在
生活的每一个细节之中。

和解式自洽：
摆脱受害者心态 主动发现幸福

陈昭希

如果非要将我的人生比作什么，那它或许就是一艘航行在海上的船。尽管会遭遇各种风浪，尽管会经历一次又一次的浮沉，但我始终坚信自己会到达心中的彼岸，并对途中所经历的一切心怀感激⋯⋯

***

我也曾乐观积极

曾经，我也是一个乐观积极的人。大学毕业后，我踏上了前往新疆的创业之路。在那十余年的创业过程中，我收获了自己人生中的第一个小目标，但也在那个时候我遭遇了婚姻的变故。

为了逃离那段不堪回首的日子，我决定换个环境，于是从新疆回到山东烟台，从建材行业转型做了医疗行业。这两个行业之间跨度大，加之当时的民营医疗行业大环境并不乐观，我的转型之路充满了巨大的挑战。即便如此，我带领着仅有26人的团队，在医疗行业创下了一个纪录——仅用了半年的时间，我们就把"医保定点医疗机构"的资格给申请下来了。

作为一家民营医院，要想申请"医保定点医疗机构"的资格是非常不容易的，通常半年才有一次机会。在这次申请成功之前，我们曾经历过一次失败。那次应该主要归咎于我个人的原因，我作为一个外行人存在诸多不足，导致第一次申请的过程中出现了很多纰漏。但我一直秉持一种积极乐观的心态，那就是"办法总比困难多"，面对不会或者不懂的问题，我第一时间会去学习。如果是遇到一个难以攻克的复杂问题，我就会将其拆解成若干个小问题，再想方设法逐一攻克。

记得第一次公布结果的那天晚上，因为申请失败，我独自坐在办公室里看着天色渐亮，脑海中一直在复盘这次申请过程中的每一个环节，并将此次出现的纰漏一一列出。我并没有气馁，恰恰相反，这次失败的经历让我充满斗志迎接未来的挑战。

在接下来的一个月里，我几乎每天只睡两三个小时，凡事都亲力亲为，一丝不苟地对照申请标准将资料进行检查、整理。遇到不懂的地方，就向专家询问请教，并组织团队讨论解决方案。经过夜以继日的努力，我们将之前的方案进行优化和完善。功夫不负有心人，在第二年春天，我们成功获批了"医保定点医疗机构"的资格。

然而，天不遂人愿，尽管我为之付出了如此多的努力，但是这家医院还是在 3 年后因亏损而转让。一时间，家庭的破裂和事业的低谷使我患上了严重的抑郁症，最严重的时候甚至一度想要轻生。生活和工作的压力给我带来了巨大的冲击，让我万念俱灰。在那种近乎绝望的境地下，我接触到了心理学。为了我的两个孩子，我顽强地活了下来，并逐渐从抑郁症的阴影中走出来了。

**

做得好也是一种错吗？

2019 年，我加入了家族集团的房地产项目。房地产这行就像个包罗万象的社会大学，其涵盖的知识面之广，远远超出了我的想象。从土地规划、建筑设计到市场营销、物业管理，每一个环节都需要我深入学习和了解。因此，从 2019 年加入到 2023 年年初离职，虽然只有短短 4 年的时间，但我却感觉自己仿佛经历了无数个春夏秋冬，收获颇丰。

在这 4 年里，我不仅掌握了大量的专业知识，更在实战中锻炼了自己的能力。从人际关系处理、企业运营管理，到如何建立企业公民的社会责任，我在方方面面都有了质的飞跃。每一次的成功经验，都像是为我打开了一扇新的大门，让我看到了更加广阔的天地。

当然，更为重要的是，除了专业技能的提升，我更加深刻地体会

到了人的多样和复杂。记得 2021 年，我带领的团队在同一时段有 4
个项目需要完成竣备工作。那段日子，真的是既紧张又忙碌。竣备前
所需的各种验收手续烦琐至极，而时间又紧迫得让人喘不过气来。但
正是这样的挑战，激发了我内心的斗志。我告诉自己，无论如何都不
能倒下。正是凭借着顽强不屈的意志和作为团队领导者的责任感，我
带病坚守在工作岗位上，与团队成员并肩作战，最后顺利完成了 4 个
项目的竣备交付。那一刻，我深感自豪和满足，看到了自己职业生涯
的又一个高峰。

　　然而，就在我满怀期待地展望未来时，现实却给了我一记沉重的
打击。是的，鲜花和冷水往往会同时降临。当你到达事业巅峰、光芒
四射的时候，你不仅会照亮别人，还会不经意刺痛某些人的眼睛。

　　那段时间，我莫名其妙地遭遇了一些亲朋好友的诽谤和人身攻击。
他们编造各种谣言中伤我，说我受贿、通过不正当竞争上位等等。这
些无端的指责让我倍感困扰。

　　说实话，我从未想过自己会陷入这样的境地。说到底，这些都
是源自利益纠纷。有利益的地方就会有争斗，而这种没有硝烟的战争
往往更具杀伤力。但是最令人无法接受的是，那些最亲近的人也对我
指指点点，我的内心充满了愤怒和不解。我的情绪反应极为强烈，经
常会哭泣、愤怒，甚至再次感到绝望至极。我开始质疑自己的价值和
判断力，一度陷入了自我否定的深渊。为了逃避现实，我开始疏远身
边的朋友和亲人，生怕受到更多的伤害。那段时间，我变得沉默寡言、

郁郁寡欢，仿佛又跌回那个绝望的谷底。

＊＊＊

女儿成为打开我内心牢笼的钥匙

现实中，孩子往往才是真正的人生哲学家。2023 年，我彻底陷入了人生的低谷，大部分时间都躲在家中休整。这个时候，孩子成了帮助我走出困境的明灯。

有次我和女儿谈心，她的一句话让我如梦初醒。她说："妈妈，你这么优秀，这么善良，为家里的每个人都付出了那么多，对公司也是尽心尽力。你的离职是他们的损失。而你应该感谢这次机会，让你能去做自己真正喜欢的事情。"

女儿的话犹如醍醐灌顶，让我顿然醒悟。我开始反思，为什么我要一直沉浸在受害者的角色里呢？为什么我不能成为那个勇敢走出困境的幸存者呢？

在女儿和儿子的鼓励与陪伴下，我开始冷静地分析自己的处境，探究那些人伤害我的动机。我寻求了心理咨询师、律师等专业人士的帮助，通过与他们面对面的沟通，表达自己的感受，寻求解决问题的方法。我的生活好像从那时起照进了一束光，使我重新燃起了对生活的希望。

通过我的努力，生活逐渐发生了变化。我将这些遭遇视为成长的契机，经历这些事情后学会了用更加成熟和理智的方式处理冲突，学会如何让生活变得更加积极和充实，学会了更加珍惜那些真正关心我的人——包括我的孩子们。

最重要的是，在生活中孩子们帮助我逐渐明白了很多道理。我意识到，发生在我身上的很多痛苦往往是源于误解和自我设限。曾经的我，因为被恶语中伤而陷入了无尽的自我消耗，总觉得自己不值得被爱。但当我认清这一切后，我不再被自己的这些想法所困，也不再为了满足别人的期望而活，更不再扮演别人期待的角色，而是真正地去做我自己。

对于我们每个人而言，无论你处于人生的哪个阶段，无论你从事哪种行业，改变并不是非要去换一个领域或者换一种角色。重启人生的关键，其实就是换一个角度看事情，换一种心态去面对，这样才能迎接全新的自己。生命中总是充满了奇迹——只要我们愿意去发现、去创造。

我现在明白了无论生活是何种状态，它都是一份难得的礼物。我们可以通过接纳现实、活在当下、寻求生命的意义，让自己走出创伤的阴影，打破自己心中的枷锁，让自己过上那种既充实又多彩，既轻松又有意义的生活。

与自己和解，摆脱受害者心态

面对朋友和亲人的恶意诽谤和伤害，真正能够影响我们心情、让我们感到难过的往往不是那些事实本身，而是人们对这些事实的加工和歪曲。

受害者心态和幸存者心态做出的反应及其导致的最终结果截然不同：受害者心态可能导致消极的循环，使人陷入情绪的漩涡；而幸存者心态则更注重积极的应对，并从中学习经验。在遭遇别人的恶意诽谤和伤害时，持有幸存者心态的人更可能采取建设性的行动，保护自己的利益，同时增强自己的心理韧性。他们通过积极地处理问题，不仅能够解决眼前的矛盾，还能从中获得成长，提高自己的生活质量。

平常人都是由思想支配自己的感觉和行为。因此，只有改变思想，才能改变那些有害的、不正常的或自我挫败的行为，才能在之后用积极的、支持自己成长的想法代替那些消极的信念，从而实现自我改变。

曾经，我常常活在对过去的回忆和对未来的憧憬中，每天沉浸在自己的各种念头里。有时候别人一句不经意的话或者一个眼神，都能让我陷入深深的苦恼、悲伤和难过。我逐渐地意识到，其实是我的想法和信念在无形中左右我的情绪、行为及思考方式。

我现在深刻体会到，最可怕的牢笼不是外界设置的，而是我自己内心的精神枷锁，而打开这个枷锁的钥匙就在我们自己的手中。要想自由的生活，我们需要习得一些新技能——识别并走出自己内在的精神牢笼。

很多时候，我们无法避免地会遇到逆境或他人的伤害，但我们可以选择用何种心态去面对。是选择像幸存者一样坚强，还是让自己陷入受害者心态，这完全取决于我们自己。虽然，我们无法选择发生在自己身上的事情，但我们能决定如何回应。每个人都具备选择的权利，而积极的选择，能让我们的生命更有力量。

我发现，其实要获得真正的自由，关键在于不断地找回真实的自己。当外界无法给予我们所需要的帮助和滋养时，就是我们需要深入挖掘内心、发现真正的自己的时刻。其实，重要的不是那些发生在我们身上的事情，而是我们如何应对这些经历。当我挣脱了自己内在的精神牢笼，我不仅能从阻碍我的事物中获得自由，还让自己的自由意志得到了充分的施展。

之前，当我身处受害者的角色时，我一直会问自己：为什么是我？为什么这件事就会发生在我身上呢？

当我变成幸存者后，我常问：现在怎么样了？通过这些事情我需要解决哪些人生难题？这些事情会让我收获什么样的成长？

跌倒了不要随便站起来，要看看旁边有没有值得学习的经验，从人生经历中看到自己的成长，有意识地把自己放到"反求诸己"的模式中。

我想说，所有的女性都得尊重自己，做自己喜欢的事情。在这里我要感谢我的孩子们，是他们一直支持我，让我在走南闯北、经历风风雨雨的这些年，能够深深地感受到亲子关系中的细腻和真谛。孩子们成为我坚强的后盾。作为父母，我们也应迅速成长，为孩子打下坚实的根基，并赋予他们自由飞翔的能力。这不仅是对孩子的寄语，也是对我们自身的提醒。

大多数女性还会有另一个身份——母亲。妈妈的状态往往会直接影响孩子，特别是女儿。孩子与妈妈之间存在一种深刻的情感纽带，我们或许可以称之为"归属感"。作为妈妈，我们有责任让自己幸福，去感受生活，从而治愈自己，达到内心的和谐。当我们真正接纳自己、爱自己、实现自洽时，就会对家人尤其是孩子产生正向的影响，孩子才能无忧无虑地去追求自己的幸福生活。因此，在日常生活中我们应该开启"寻找幸福"的模式，而不是"逃避不幸"的模式。

临近结尾，我不禁感慨万千。回首过往，那些风雨兼程的日子，虽然充满了挑战与磨难，却也成了我生命中最宝贵的财富。我学会了与自己和解，学会了摆脱受害者心态，更学会了如何在逆境中发现幸福的真谛。

如今，我深知幸福并非遥不可及，它其实一直潜藏在生活的每一个细节之中。当我不再为过去的伤痛所困扰，不再为未来的不确定而忧虑，而是专注于当下的每一刻，用心去感受生活中的美好时，幸福就会悄然降临。

作为一名女性，我更加深刻地体会到自我尊重与自我爱护是通往幸福的重要桥梁。我无须依赖外界的认可与赞许，更不必为了迎合他人的期望而牺牲自己的真实与快乐。只有当我真正接纳自己时，我才能释放出内心的力量，勇敢地追求属于自己的幸福生活。

同时，我也意识到，作为母亲，我的幸福状态对孩子有着深远的影响。因此，我更加珍惜与孩子的每一次相处，努力为他们营造一个充满爱与温暖的家庭环境。我希望，通过我的言传身教，孩子们能够学会如何爱自己、如何面对生活的挑战，勇敢地追求自己的梦想。

最终，我想对妈妈们说，无论我们的境遇如何，都应保持一颗乐观向上的心。因为，唯有当我们全然接纳自我，热情洋溢地拥抱生活，方能开创出一段绚烂多彩、充满意义的人生旅途。

花开书页间

第六章

母爱光辉·
共绘成长画卷

***

单晓颖

韩 艳

孙萍萍

王一萍

爱能让我不迷失于外部那些被成功所裹挟的环境，
学习则是探索教育方法的不二路径。

共学共进　共享成长之乐

单晓颖

　　成人不了解儿童，结果就使成人处于与儿童不断的冲突之中。消除冲突的方法，并不是成人应该获得一些新的知识或达到更高的文化水准。对每个成人而言，他们必须找到个人不同的出发点。成人必须找到阻碍他理解儿童的原因。如果不做准备，如果没有采取与这种准备相应的态度，他就不可能进一步探究儿童。

　　玛丽亚·蒙台梭利在《童年的秘密》中如是说，这段话令我陷入沉思。我和大部分家长一样，在没有家庭教育知识储备和经验的情况下成了一名母亲。我对于家庭教育的认知主要来源于学习和亲身实践。我是在不断学习、反思和修正中逐渐摸索出家庭教育的"门道"的，而导引和驱动我不断学习的动力，就是我对孩子的爱与责任。

我永远都不会忘记与儿子初见时的那种喜悦和幸福。当护士把他抱给我看时，我内心激荡着那种难以言喻的幸福。那一刻，母爱的天性就像童话里有魔力的树一样，在一瞬间长得高大健硕、枝繁叶茂。我在心里为新生命打造了一个"安乐窝"，而我的家庭教育及亲子和谐共处的探索之旅也由此开启。

有人说，父母是上岗门槛最低的一种人生角色，不需要上岗证书，却掌握着孩子的未来。也常听一些在职场非常成功的朋友感叹，做家长比干好工作难多了。确实，为人父母不是一件轻松的事情，这个岗位责任重大，但是往往没有岗前培训，一切都要靠自己摸索。相信很多家长和我一样，在家庭教育的过程中犯过不少错误，也踩过很多的坑，在走了弯路之后才进行修正，再继续摸索着前行。

* * *

小感悟之一：妈妈和孩子的情绪是联动的

我家孩子小时候非常容易生病，他每次生病我都非常焦虑，整个人情绪会变得很糟糕。但是有一次，我突然发现自己的情绪会严重影响孩子的情绪。那一天孩子发烧，我因为情绪不好向家人发脾气，而且毫不掩饰地表达了我对孩子病情的担忧，孩子看着我，忽然就大哭了起来。那时孩子小，还不会说话，但我事后反省，孩子的突然大哭可能不仅是因为生病难受，还可能是我的焦躁情绪影响了他。是我的焦躁不安和过分忧虑引发了他的惶恐。忽然醒悟到这一点之后，我也想起自己看过的书上讲过：家长的焦虑情绪很容易传递给孩子。在这以后，我就比较注意，提醒自己不能表现得太过焦虑，因为这会吓到孩子。但是，说易行难，我无法做到每次都控制得很好。

孩子胳膊脱臼过两次，而且碰巧这两次孩子爸爸都出差在外。孩子第一次脱臼，他疼得大哭。我既心疼孩子，又不知该怎么办，也忍不住眼泪哗哗地流。孩子看到我哭，就哭得更厉害了。我忽然醒悟，赶快抹去了眼泪，一边安慰孩子，一边给孩子舅舅打电话求援。孩子舅舅把我们送到医院，医生手法非常熟练，给孩子迅速复位了，孩子几乎没怎么受罪。没想到，没过多久孩子又一次脱臼了。这一次，我有了经验。我对孩子说，不碰不动就不会疼。因为我很平静，孩子也就没有慌张，不哭不闹安静地坐在沙发上等我送他去医院，甚至还回应了我一个微笑。

这件事给我留下了深刻印象，让我深深地感受到自己情绪稳定对于孩子的重要性。当然，这对父母来说其实并不容易，特别是遇到和孩子休戚相关的事情，家长就很难保持淡定。但是，我们还是要有这个意识。所以，我认为"为母则刚"不仅仅是目标和结果，更是一种方法和一种自我修炼方式。

***

小感悟之二：日常的亲子交流很重要

或许因为自己是学传播学的，所以很信奉沟通的力量。我相信沟通不仅能促进了解、增进感情，还能很好地消除误解，建立和谐关系。所以，我很喜欢和孩子聊天，在聊天的过程中，我不仅可以了解孩子的心情和想法，也会主动和孩子谈谈我的心情与想法。

有一天晚上，我的孩子说要写作文，可是坐了半天都没动笔。我就纳闷，于是问他："老师不是说帮你们把提纲都列出来了吗？照着写就可以了呀。"他说他有些纠结，不知道是写爸爸还是写妈妈。我问他："那你觉得谁好写呢？"他觉得爸爸好写，并告诉我在课堂上老师引导他们列提纲时，他就已经想好怎么写爸爸了。我心念一动，知道他为什么纠结了——他是怕我心里不痛快。我就挑明了问他："你是不是怕妈妈不开心？"小家伙笑着默认了。我立刻给他吃定心丸："没事，妈妈不会不高兴。妈妈知道自己在小宝心中的分量。写作文，谁更好你写就写谁，考试时也是这样。"小家伙这才放心地动笔写。

孩子上小学二年级时，我去北京读博士，第一年为脱产学习，每个月只能回家一次，能陪孩子的时间很有限。虽然我们每天都会打电话或视频聊天，但是毕竟和每天都陪在他身边不同。有一次，我找机会和孩子聊起了这个事情。我告诉他妈妈觉得有点愧疚，他问我为什么。我给他做了解释："妈妈本来应该陪着你，因为你还小，需要妈妈的陪伴。但是现在妈妈却不能天天陪在你身边，我觉得自己有些失职，对不起你。"可孩子却说："妈妈因为要上学不能陪我，这不是失职。"孩子用它简单、朴质的语言表达了对我的支持，让我很感动。

孩子四年级的时候，我给他检查语文作业时，看到了他写的这样一段话：

我妈妈在我二年级时去读博士，一直读到了我上四年级。这三年里我妈妈付出了很多，也收获了很多。其间有许多困难阻挡妈妈迈向博士毕业的步伐，但妈妈都顶住了。最令她烦恼的是毕业论文，妈妈必须要写十几万字乃至二十几万字才能合格。妈妈通过几个月的奋斗，顺利通过审查！接下来便只等毕业典礼了。妈妈扛住了工作压力和读博的学习压力，即将成为一名优秀的博士。我为妈妈骄傲！

所以，当你和孩子真诚地进行日常交流之后，你会发现孩子比你想象中更加成熟、懂事，他总会给你带来意想不到的惊喜。

***

小感悟之三：摒弃单一的评价标准

某年母亲节，有一位妈妈在朋友圈晒幸福："儿子用他的零花钱给我买了鲜花，他说'宇宙洪荒，生命浩瀚，但只有您和我分享过心跳，妈妈我爱您！'还给了我一个大大的拥抱，并亲吻了我。老母亲感动得热泪盈眶。"这位妈妈的幸福真是溢满了屏幕。我点赞并表示羡慕，这位妈妈回复我说："儿子下血本了，说第一次买花一定得送给妈妈。"

多棒的孩子！你们都认可他很优秀吧？但是如果用学习成绩来衡量这个孩子，他就显得比较普通：他的学习不差，但也不是学霸。可是，这重要吗？一定要用成绩优异与否来衡量孩子的优秀吗？换句话说，成绩是衡量孩子的唯一标准吗？

当然不是，刚才提到的这个孩子，谁听了不夸赞？谁能说他不优秀？这么贴心，这么懂得感恩，又这么善于表达自己真实情感的孩子，真的非常优秀。所以，评价孩子的标准是多元的，只有摒弃了单一的评价标准，我们才能发现每个孩子身上都有美好的闪光点。

记得之前参加孩子学校的家长课堂，讲课的专家提到，有家长说自己的孩子没有任何优点，不知道怎么夸。这让我打心底里心疼这个孩子，自己最亲近的父母都不懂得欣赏他。我觉得家长会得出"自己的孩子没有任何优点"这种荒谬且残忍的结论，大概就是用成绩这个一元标准来衡量孩子的吧。当孩子学习不够好时，就因此否定了他其他方面的好。

当家长用这种一元标准看待孩子时，一旦孩子达不到这个标准，他在家长眼中就变得一无是处。比如热爱运动变成了只知道玩，对生活其他方面的乐趣也都变成了不务正业。与学习成绩无关的任何努力和长处，在家长眼里都不值一提，都是缺点。

毫不夸张地说，这种"一元标准否定法"是摧毁孩子的利器。当孩子所有的努力和尝试都被否定了，最终他可能真的会放弃所有的努力，彻底"摆烂"，变成家长所认为的"一无是处"的人。所以，作为父母要全面地认识和看待孩子，不要只盯着孩子的成绩。抛开这种狭隘的评价标准，你会发现孩子其实很棒，孩子有自己独特的闪光点。

＊＊＊

小感悟之四：孩子是独立的个体，放他自由飞翔吧！

著名报人徐铸成在回忆录中讲了自己在桂林养鸡的趣事。他最初养鸡时，买了几只非常可爱的小鸡。但是没几天这几只小鸡就让老鹰给叼走了。朋友告诉他，在郊外养鸡，一定要养一窝鸡，因为鸡妈妈的羽翼能够保护小鸡们的生命安全。他接受了朋友的建议，买了一窝鸡，果然之后再没有发生过老鹰抓小鸡的事情。因为每当天空出现老鹰的影子，鸡妈妈就连声呼唤，小鸡们就会快速躲到鸡妈妈的羽翼下。鸡妈妈的羽翼是最可靠、最强有力的保护伞，小鸡们再也没有遭遇厄运。

徐铸成还发现，鸡妈妈在小鸡不能独立生活的时候会尽心尽力地喂养它们。觅到一条小虫，就依次喂给每只小鸡吃；整粒米太大，就啄碎了再给小鸡吃。但是当小鸡们到了能够独立觅食的时候，鸡妈妈就让它们自食其力，偶有偷懒想继续依赖妈妈的，鸡妈妈就会把它啄走，绝不姑息。鸡妈妈真是很了不起，母爱的深厚与分寸都拿捏得十分到位。

这和养育孩子的道理相似，在孩子需要我们照顾的阶段，给他足够关爱和保护，让他健康成长；但是一旦他长大成人，就要让孩子独当一面，过自己独立的人生。

这是个很容易明白的道理，但是我们却总在现实中看到它的反例。我有一次乘出租车时，和司机先生闲谈，他说他的女儿很优秀，考上了陕西师范大学。我表示了由衷的赞赏。可他又说，孩子本来能去上海大学，但是奶奶舍不得孙女，想把她留在身边，因为孙女是奶奶一手带大的。这让我不禁想起了一些更极端的事例，如家长私自更改孩子的高考志愿。每次面对这样的事情，我都忍不住会想：为什么孩子没有权力决定自己的未来呢？我觉得，孩子是独立的个体，他来到这个世界是为了自己的生命体验，并不是满足或完成父母、长辈的心愿。

关于父母与孩子的关系，黎巴嫩裔美国作家哈利勒·纪伯伦在他的《致孩子》中用诗的语言讲述了一个看似简单却实则深刻的道理。他是这样说的：

你的儿女，其实不是你的儿女。

他们是生命对于自身渴望而诞生的孩子。

他们借助你来到这世界，却非因你而来，他们在你身旁，却并不属于你。

你可以给予他们的是你的爱，却不是你的想法，因为他们有自己的思想。

你可以庇护的是他们的身体，却不是他们的灵魂，因为他们的灵魂属于明天，属于你做梦也无法到达的明天。

你可以拼尽全力，变得像他们一样，却不要让他们变得和你一样。

因为生命不会后退，也不在过去停留。

你是弓，儿女是从你那里射出的箭，弓箭手望着未来之箭靶，他用尽力气将你拉开，使他的箭射得又快又远。

怀着快乐的心情，在弓箭手的手中弯曲吧，因为他爱一路飞翔的箭，也爱无比稳定的弓。

***

最后一个小思考：为什么家长难以做到尊重孩子？

有一次，在愤怒地批评了孩子后，我一个人心情沮丧地坐公交车去单位。在车上，坐在我邻座的是一个学生。他在看一本漫画书，我无意间瞥见书上的文字非常小，他戴着眼镜、脸凑近书本，认真地看。我忍不住问他："小家伙，你的眼镜多少度？"我的声音平静、柔和，使我自己都有些吃惊——因为我还处于和孩子争吵后的沮丧中。他回答："100度。"我说："这么暗的光线，你还在摇晃的车上看这么小的字？"小家伙立刻会意，把书收了起来。我又问他上几年级，什么时候戴的眼镜，又告诉他我也是在和他差不多年纪时戴上了眼镜，现在的我近视已经500多度了。整个交谈的过程，我都是温和而友好的。能如此柔声细气地对一个陌生的孩子讲这些话我自己都意想不到。谁能想到，作为妈妈的我，一小时前还在冲孩子发脾气，天知道我那时有多可怕，说话的语气有多严厉。

我不由地想，是什么原因造成了这种反差。是因为爱之深，责之切？一开始我是这么想的：因为很爱孩子，所以关心则乱，反而无法以平常的情绪和心态对待孩子。但是，就因为爱孩子所以才对他更糟糕吗？这说不通呀！

我进一步想到，如果我看见自家孩子在昏暗的灯光下看书，我会如何反应？我一定大喊道："怎么又在这么暗的灯光下看书！字这么小，一点儿不知道保护自己的眼睛！说了多少次了，怎么就是听不进去呢！"一定是这样一连串的斥责，而不是心平气和地询问。为什么对自己的孩子反而不能心平气和呢？

我又反过来想，为什么可以对车上那个素不相识的孩子冷静地指出问题，而不是严厉地斥责他。我想，因为他不是我的孩子，如果我对他咆哮、斥责，就缺乏基本的礼貌和尊重，他是独立于我之外的，是与我无关联的独立个人，即使他做得不对，我只可以提出建议，但无权斥责。对了，这就是关键所在——对于别人家的孩子，我懂得基本的礼貌和尊重，对自己的孩子却偏偏做不到。这是为什么呢？是因为我潜意识里没有把自己的孩子看作独立的个体，而是视其为自己的所有物，所以可以不顾礼节、不必尊重，可以任意对其错误行为大加斥责。

想到这里，我才意识到一直以来所犯的错误。原来我一直没有把孩子作为独立的个体而尊重，因此就很难以平等的姿态和他交流，也不能诚恳而友好地给出建议。这其实是以爱的名义造就了亲子关系的对立。

在亲子教育方面有一个悖论：父母觉得明明已经尽了最大的努力养育孩子，他们热爱孩子，不遗余力地供养孩子，有的人为了孩子而牺牲自己的事业，然而孩子并没有如期望的那样获得幸福和成功，甚至父母的行为还给孩子造成了永久的伤害，亲子关系也危机重重。蒙台梭利把陷入悖论的父母们形容为陷于迷宫之中而无法找到出口的人，他们不知道迷路的原因，其实错误就在于他们自己。我对这一观点深以为然。完善家庭教育并非单纯地解决孩子的问题，而是家长要和自己的偏见以及错误认知做斗争。

于我而言，亲子教育的学习历程，是作为一个妈妈的修行过程，是了解孩子和认识自己的过程。这也是一个永远处于进行时的过程。爱与学习是自己修行路上的必备法则。爱能让我不迷失于外部那些被成功所裹挟的环境，学习则是探索教育方法的不二路径。打开孩子心灵的那把钥匙，需要父母自己去寻找。

家长需要适时地放手，给予孩子更多的自主权和
决策权，让孩子成为"自己的主人"。

言传身教　陪伴成长

韩 艳

　　家长是孩子最好的老师。作为家长，我们不要认为孩子还小，他们什么都不懂，其实孩子很善于观察，并在不断地模仿和学习中得到成长。有些时候家长不必给孩子讲大道理，从行为上进行引导会收到更好的结果。比如，我之前看过一则小故事，讲的是一个爸爸让孩子吃西蓝花，他说了很多吃西蓝花的好处，但孩子就是不肯吃。最后孩子烦了，反问爸爸既然认为西蓝花这么好，那他自己为什么不吃。原来，这位爸爸自己平时就从来不吃西蓝花。正是由于他没有用自己的行动来引导孩子，才导致了孩子的不配合。我很庆幸听到这个故事的时候我的孩子才刚出生不久，之后我总会回想起这个故事给我的启发，并将这种引导式的教育运用于陪伴孩子成长的过程。

让孩子看到家长的身体力行

我们如果想让孩子做好一件事，可以自己先做一遍，甚至是在平时的生活中重复去做，目的是让孩子看到家长在身体力行。就像开头分享的那个吃西蓝花的小故事，如果孩子从小看到的是爸爸大口地吃西蓝花，他或许就不会反驳爸爸了。其实对于生活中的一些小事，用言传身教的方法是最合适不过的，比如：不随地扔垃圾，见人要问好，打招呼要有礼貌，得到他人的帮助时要说谢谢……

记得有一次，我带孩子去附近的公园里玩儿，她正好看到有人将用过的纸巾随手扔到了花坛里，就跑过来跟我说："妈妈，有人乱扔垃圾！"我就问她，那如果她有垃圾会怎么办。她说："应该拿在手里或者放在口袋里，等到了有垃圾箱的地方再扔。"那时候她还没上幼儿园，我听完后觉得孩子做得很好，就夸奖了她。然后我见她嘴角有点儿脏，就拿出纸巾给她擦了擦，擦好后将脏纸巾随手放到了背包侧面的口袋里。回家后，我收拾书包，把那张脏纸巾拿出来扔掉的时候，突然意识到我平时做的就像孩子说的一样。那一瞬间，我也意识到了言传身教的重要性。在这之后，我又特意去观察了孩子其他方面的一些表现，也确实有得益于我言传身教的体现。

当然，随着孩子年龄的增长我们需要在适当的时候，将言传身教的方式转化为更为深入的指导和教育。因为随着孩子的成长，他们开始有自己的思考和判断能力，不再只是简单地模仿父母的行为。这时候，我们需要通过对话、讲解等方式，帮助孩子理解为什么有些行为是正确的，有些行为是错误的，并告知这些行为可能带来的后果。例如，当孩子看到有人乱扔垃圾时，我们可以进一步解释乱扔垃圾对环境的危害，以及如何正确地处理垃圾。我们还可以借此机会，引导孩子思考如何成为一个有责任感、关心社会的人。这样的教育方式，不仅能够帮助孩子养成良好的行为习惯，还能够促进他们的思维发展和人格成长。

后来孩子上了小学，需要阅读一些课外书，虽然我给她买了她喜欢的书，但她始终没有养成读书的习惯。那时候我比较烦心，不断地给她讲道理，讲读书的好处，但效果始终不明显。有一回，我出于工作需要买了一本专业书，每天晚上都回家看，还边看边做笔记，那段时间也没太督促孩子读书。在我学习的时候，她会时不时地跑过来问我在做什么，我都会告诉她自己在学习。两三天后，我无意中发现，孩子晚饭后拿了《昆虫记》边看边做笔记。当时我感到十分惊讶。睡觉前，我问她："你今天为什么主动看书了？"她说，她自己也不知道，就是想看了，还跑过来把她做的笔记拿给我看。我当时觉得，家长确实是孩子学习的榜样，孩子也确实会模仿家长的言行。从此之后，我更注意自己的言行了。

其实，家长们都知道要言传身教，但实践起来的难点就在于"如何让孩子看到""让孩子看到什么"。有时候家长可能是出于对孩子的关心和爱护，总想把生活中美好的、正能量的一面展示给孩子看，而尽量避免让他们看到负面的东西。但孩子的人格是需要全面培养的，除了让他感受到生活的美好之外，也应该让他们认识到生活也有一些不尽如人意的地方。此外，我们应该更多地带孩子走进真实的生活。比如，你可以把你的工作内容告诉孩子，让他们了解爸爸妈妈平时的工作需要做些什么。如果条件允许，还可以带孩子去自己的工作单位看看，让他们能有切身的体会。我之前做少儿主持培训老师的时候，就让孩子帮我制作过上课要用的道具。在这个过程中，孩子会对父母的工作产生好奇，我们就可以更深入地和他讲一讲自己对工作的理解，这份工作的得与失等。比如，我会跟孩子说："妈妈很喜欢小朋友，也很喜欢当老师，所以就选择了这份工作。但这个工作可能会占用一些休息的时间，比如要在休息时间备课、制作讲课要用的道具、给孩子们点评作业等。这样可能就没有时间陪你玩了。"孩子对我的说法表示理解，还说了她对于我的职业的感受，她说很喜欢我当老师，对我的职业感到非常骄傲。我觉得这个过程既让孩子看到了职业生活的真实，也是一次很有意义的亲子沟通。

在情绪表达方面，让孩子看到家长的情绪表达同样重要。我记得小时候看过一个电影场景，妈妈受了委屈后背着孩子自己偷偷流泪。但我认为生活中的悲伤、委屈、难过、愤怒、焦虑之类的负面情绪也应该让孩子看到。记得有部动画电影叫《头脑特工队》，里面有五个不同情绪的"小人"。虽然电影里把人的情绪简单地分成了"乐乐""怕怕""厌厌""怒怒""忧忧"，但它能让孩子们很直观地看到自己的情绪。我是在孩子上幼儿园的时候让她看这部电影的，看完之后她就记住了这五个"小人"。之后我也会在生活中跟她用这五个"小人"来讲述有关情绪的表达。有一次，孩子把超轻黏土弄到了新买的衣服上，洗不掉了，我一时没忍住冲着她吼了一顿。发完脾气后，我很后悔，向孩子道了歉，并说了我发火的原因。同时，我告诉孩子，大人有时也需要宣泄情绪。我们要让孩子理解，我们虽然要时刻保持阳光开朗的心态，但生活不总是一帆风顺的，负面情绪也是会存在的。

总之，让孩子看到我们的行为是一种非常重要的教育方式，但随着他们的成长，我们也要注重与他们的有效沟通和交流，不断调整自己的教育方式。只有这样，我们才能帮助孩子成长为自信、独立、有责任感的人，为他们的未来奠定坚实的基础。

* * *

让孩子行动起来

"让孩子行动起来"意味着鼓励孩子去实践、去执行、去体验。作为父母，我们经常是说得太多，而让孩子做得又太少。俗话说得好："梨子甜不甜，总要去尝一尝才能知道。"这句话的背后蕴含着很多教育理念和价值观。

记得有一次，我拎着很重的东西，但孩子一直吵着要我抱她，我就跟她解释："妈妈拿着很重的东西，现在不能抱你，等回家放下东西再抱你。"但她怎么都不肯听，后来我干脆把手里的东西放在地上，让她拎一下试试。结果她怎么也拎不动。然后她抬头看着我，好像是理解了我为什么不抱她的原因，便不再吵着要我抱，而是乖乖地跟着我走回了家。她还主动帮我开门，表现得很懂事。而且从那天起，她还会主动问我拎的东西重不重，经常想要试一试自己能不能拿得动。只要能拿得动，她都会主动帮我拿。

通过这件事，我想起了"换位思考"理论。所谓"换位思考"，是一种重要的思考和沟通的方法，它要求我们从别人的角度和立场出发，理解和体验他们的感受和需求。这种方法在许多场合都很适用，可以帮助我们更好地与他人相处，有效解决问题，避免冲突。在刚才的这个事例中，我让孩子拎重物，其实就是让她从我的角度出发，尝试理解我的感受，这样就算我不给她解释，她也能理解我不抱她的原因，自然也就不会再吵闹了。此外，换位思考还有助于增强我们的同理心和沟通能力。当我们能够真正站在别人的角度思考问题时，就会更加关注对方的需求和感受，更加敏锐地捕捉到他们的情绪和反应。这种同理心可以让我们更加容易地与他人建立信任和共鸣，从而更加顺畅地进行沟通和合作。

记得还有一次，孩子需要录制一段朗诵的视频，虽然也提前练习和准备过了，但在录制过程中孩子一会儿忘词一会儿说错，录制好几遍都没能完成。我提醒她要认真对待，但也没什么效果。我灵机一动，对她说："咱们休息一会儿吧，正好妈妈趁这段时间弹弹钢琴，你也帮我录一段弹钢琴的视频。"孩子一听来了兴趣，很开心地帮我举着手机拍摄，但由于我刚学不久，钢琴弹得不是很熟练，所以中间总是出错。孩子就从兴奋变成不耐烦，她开始催促我，埋怨我总是弹不好。我就趁机跟她说，她刚刚录朗诵视频总出错，我其实也是同样的心情，并答应她自己再练一天钢琴，明天让她继续给我录，保证一遍完成。然后我又问她，她的朗诵视频怎么办。她表示会再背几遍，也保证明天一遍录完。

有时家长说得再多孩子也不一定能听进去，但让孩子自己做一次，他可能就会牢牢地记住。而且他们还能从做的过程中发现自己的问题，自己动脑筋找到解决办法。通过行动，孩子可以更好地理解和掌握知识，同时也能够锻炼动手能力和解决问题的能力。在培养生活技能方面，我发现了一个有趣的现象：很多东西你只要不事先告诉孩子方法，而是让他们自己去做，他们总能发明出很多你想不到的方法。比如，有一次，刚上幼儿园中班的老二说要自己洗袜子，就在我接好水准备和她一起洗的时候，我手机响了。我跟老二说："妈妈打完电话来教你洗。"可当我打完电话回来，发现她已经在洗了。她的洗法很有趣：她把两只袜子分别套在两只手上，然后用两只手对着相互揉搓，还用上了在幼儿园学的"七步洗手法"，嘴里边嘟囔着边洗。我看了之后并没有打扰她，而是悄悄地走开了。过了一会儿她向我展示了她洗得很干净的袜子，还分享了她"独特"的洗法，说今后她的袜子都要自己洗。我认为这也是一种自我驱动[1]和自我实现的理念。当孩子们意识到自己的行动可以带来改变和进步时，他们会更有动力去努力，去实现自己的目标。所以，"让孩子行动"是一种积极的教育态度和方法，旨在鼓励孩子积极参与、勇于实践、实现自我价值。

1. 自我驱动：指个体主动做事，拥有明确目标和强劲动力，并努力获取所追求的事物。这种驱动力源于内心真实感受和追求，而非外界压力。可参考关于自驱力的解释："自驱力是出于内心需要，自己驱动自己，有做事情的动力。"参见：非吼叫妈妈俱乐部.72招轻松家教：下 [M].合肥：安徽少年儿童出版社，2023:21.

***

让孩子成为"自己的主人"

随着孩子年龄的增长和生活经验的积累，他们的自我意识和独立思维也会逐渐增强。此时，家长需要适时地放手，给予孩子更多的自主权和决策权，让孩子成为"自己的主人"。这意味着我们要尊重孩子的个性，培养他们的独立思考能力和自主决策能力，使他们能够自我管理、自我驱动，成为一个独立、自信、有责任感的人。

我认为"成为自己的主人"可以从两个视角出发。

一是从自己的视角出发，成为自己生活的主导。这一点相对比较容易理解，比如让孩子自己制定规则、制定作息表或安排活动、选择自己爱读的书或课外活动等。我很重视孩子的身体锻炼，让她从小就学了轮滑、篮球和游泳，上学后又带她体验了羽毛球和击剑。其实我觉得轮滑和羽毛球都挺适合她的，但最终还是尊重她自己的意见，选择了学习击剑，而且由于这是她自己选择的，所以即使训练十分艰苦，她也能坚持。现在为了去训练，她自己规划好时间，提前完成作业，不再需要我再苦口婆心地催。我觉得这就是内驱力的作用。我们可以给孩子提供一些选项，但最终的决定权应该交给孩子。这样，孩子才能学会独立思考，学会权衡利弊，做出适合自己的选择。

另一个是从第三方的视角出发，让孩子提出自己对家庭事务的意见和解决方法，以此来影响和改变整个家庭的氛围。这么说大家可能难以理解，我举个简单的例子，就是家长回家玩手机这件事。家长回家翻手机可能是在处理工作事务、查看重要信息，或是在放松自己、缓解工作压力。我们并不能完全禁止家长回家看手机。然而，我们也需要关注到孩子在这个问题上的感受。孩子可能会觉得家长回家后只顾着看手机，忽略了与他们的交流和陪伴，从而产生孤独感和不满情绪。我女儿之前就跟我提出过这个问题。因此，我们需要找到一个平衡点，既能满足家长的工作和生活需求，又能照顾到孩子的情感需求。通常的做法是，家长尝试设定一个合理的"手机时间"，在这个时间之外尽量不碰手机，多与孩子进行互动和交流。我的做法是让孩子给我规定一个看手机的时间，以及在什么情况下可以看手机、什么时候必须放下手机。在孩子为我设置的"手机时间"里，她认为如果是工作上的事情，我可以看手机；但在她学习和看书的时候，我要做到尽量不看手机；吃完晚饭后，我可以看一个小时的手机；在她睡觉前，我要放下手机陪她读书。我听了觉得自己能够做到，就同意了。在她学习的时候，我就找书看或是练字。我发现，当我这样做了以后，孩子能更专注地学习，家里也变得安静了不少。现在孩子长大了，我给她准备了一部手机，同时也让她明白我为什么要给她手机，以及手机在现代生活中的作用，并让她自己制定"手机使用规则"。现在，在使用手机这个问题上，我们家通过民主讨论的做法，找到了平衡点，家庭氛围也变得更加和谐、温馨。因此，让孩子从第三方的视角出发参与家庭事务，不仅可以培养他们独立思考和解决问题的能力，还能促进家庭成员之间的互动和理解。

最后，回到"言传身教，陪伴成长"这个主题上，我觉得家长在孩子成长中最重要的任务就是要做好"陪伴"，这不仅是生活上的陪伴，更是精神上的陪伴和引导。陪伴不但可以让孩子看到家长的言行举止，为孩子树立起正确的榜样，更能给他们带来安全感和信任感，培养孩子积极、健康的心态，塑造其完整的人格。让我们以温暖的陪伴为孩子创造一个健康、快乐的成长环境。

花开书页间

于黑暗处为他指引方向,于迷茫时助他坚定目标,
让孩子在人生的浪潮中凭借自己的勇气开启属于
自己的人生旅程。

探索新时代家庭教育新路径

孙萍萍

对于如今的孩子而言，他们面对的世界与我们当初面对的世界已大为不同，他们的思想和行为方式也发生了巨大变化，所以作为家长的我们，不应墨守成规，而应努力发现、解决我们所面临的教育问题，探索一种适合新情况、新问题的全新的教育方式。

***

平等教育，给孩子一个温和宽松的成长环境

七〇后的一代人中，有很多是在"棍棒底下出孝子"的教育思想中成长的，我便是其中一员。当我的孩子出生以后，我的父母仍想用这种方法教育我的孩子。但正因为我淋过雨，所以想帮我的孩子撑起

一把伞。

　　记忆中，我父亲常说的一句话是："我说了就算，别问为什么。我怎么说，你怎么做就好了。"于我而言，我很不喜欢父亲这样的"一言堂"，甚至会从心底泛起浓浓的抵触情绪。但在我的千防万防下，父亲还是把同样的话说给了我的女儿听，可女儿的情绪并没有太大的波动。我问女儿的看法时，她说："他让我听，我就得听吗？我有自己想法的呀！我要把自己的想法和外公说一说，我们一起讨论讨论谁更有道理。"当我听到这个答案时，我发现我之前的担忧是多余的。我很庆幸，女儿有她自己的想法和处理方式。

　　为了摆脱"棍棒教育"的阴霾，我一直给女儿营造一个温和、宽松的成长环境。我们尊重她的选择，让她为自己的行为负责，让她自小拥有独立的思想。

　　接下来的故事，我想从我们家的两个规矩说起。

　　规矩一：晚饭过后，看电视时才能吃零食，没吃饱饭的人没有吃零食的权利。那天晚上吃饭前，我和女儿因为吃饭盛多盛少的问题有了不同意见。我索性"撂挑子"，让女儿自己盛饭，盛多少由她自己决定，她觉得能饱就行。结果她盛得很少，我知道她肯定吃不饱，但也没有立即阻止她。到了晚上看电视的时候，除了她之外，我们都在享受零食。那天晚上她因为既没吃饱饭，又没有零食吃，很快肚子就饿了。她向我提出要吃饭的要求，我没有同意。因为已经过了吃饭的时间了。这时，外婆给她煮了两个荷包蛋，拿过来给她吃。我假装有些生气，女儿看到我生气了，就走出去坐在门口把鸡蛋吃完了。吃完后，还站在门口大声地说"谢谢妈妈"。当然，第二天吃饭的情景可想而知，女儿给自己盛了满满的一碗饭，晚上也如愿地吃到了她喜欢的零食。

孩子与家长间的博弈，其实并不需要分出输赢。家长无须"高高在上"，但须坚守原则，让孩子对自己的行为负责。

规矩二：自己的事情自己做。其实对女儿来说，就是她每天的功课要自己完成，自己规划时间。有一次，我们和小区的邻居一起出去自驾游，回来的时候是下午4点左右。孩子们觉得玩得不够尽兴，于是约了晚上6点30分再去其中一个同学家玩。女儿找我商量这件事，我就跟她讲，4点到6点30分还有两个半小时，这期间她要完成作业、吃完晚饭、洗完澡。我知道这对她来说非常难，所以我断定她晚上是去不成的。然而，没想到晚上她却开开心心地赴约了。

第二天我去学校接女儿，得知她在学校被批评了，因为前一天她赶时间去玩，所以作文写得很敷衍。她的作文写的是春游去超市买东西。老师规定要写满15行。她是这样写的："明天我们要出去郊游，妈妈今天带我出去买东西，我们去超市买东西，妈妈给我买了：1.可乐，2.二面包，3.巧克力，4.牛肉……哇，今天买了好多东西呀。"她将每一样东西写了一行，我数了一下，刚好写满了15行，一行不少。

她可能觉得自己闯祸了，一直在偷偷地瞄我。可我却笑着对她说："你这15行的办法想得真不错。但这法子只此一次，下不为例！下次碰到这样的事情，你可以想想怎么能既做得漂漂亮亮，又玩得开开心心，比如提高一下效率，重新规划一下时间。"女儿听完后，也开始思考，怎么样才可以更合理地规划。

女儿快要小学毕业的时候，我已经非常清楚地了解到她已经具有了很强的自我修复能力，我很认真地和她谈了一次。这次谈话是在回家的路上展开的，越是聊严肃的事情，越要轻松地谈。我和她说，在我们三个人的家庭中，她是最小的那个，但她仍然可以决策家里的事情，而且有些事情她甚至比爸爸妈妈做得更好，所以她和爸爸妈妈是平等的。同样地，我告诉她，在学校中她也应该有这样的自信，无论成绩好坏，她跟同学都是平等的。

因此，不管什么时候，我给女儿的感觉都是：妈妈是她的铁粉，妈妈一定支持她到底。无论她在外面遇到什么情况，都有妈妈永远在她身边。

***

发掘并肯定孩子的每一个闪光点

在孩子成长的道路上，竞争如影随形。他们在各种赛道上飞速奔跑，承受着来自多方的压力。此时，家长应成为孩子的"舒压者"，看到孩子的长处和优势，帮助其缓解压力，而不应进一步成为孩子的"施压者"，罔顾孩子的个性、发展特点，一味要求孩子在单向赛道上比学赶超。

在此，给家长分享一个好办法。当孩子面临激烈的竞争时，我们要看到孩子有短处，也必然有长处。他可能数学不是那么优秀，但可能比较擅长英语；他可能体育比较差，但很擅长画画。不管怎么说，我们可以在他的学科中找到一门或两门他特别擅长的，去帮他建立起自信。

以我女儿为例，她在学习上不是最优秀的，但她有充分的自信。在学习上，她是比较典型的文科生，理科成绩比较差，数学常常不及格。女儿有时候会因为自己的数学成绩感到难过。这时候，我就会和女儿说："你虽然数学成绩没那么好，但你的语文和英语很不错，你有自己的优势，那我们就好好运用优势，再把数学成绩一点点提上去。"在我的鼓励下，女儿逐渐有了信心，通过自己的努力一点点提升数学成绩，虽然她最终的数学成绩依然没那么出色，但凭借文科的优势，仍然考上了心仪的985高校。所以，亲爱的家长们，不要只看到孩子的缺点、不足、薄弱的地方，而是要多看到他们的优点、强项、优势所在，孩子需要来自家长的正能量。

就像我曾经和女儿讲过的关于木桶短板的故事。我告诉她，每个人都有自己的短板，也都会有自己擅长的地方，这些她所擅长的很有可能会成为她将来的独特优势，成为她安身立命的根本。所以她可以尽量把能力、精力多放在自己擅长的事情上。将来在擅长的事情上做得越"精"，在社会上就能立得越"稳"，立稳了，就可以按照自己的节奏稳稳前行。

所以我们要多表扬、多鼓励成长中的孩子，帮助孩子学会正确评价自己，生发出充分的自信。但为什么很多家长明明表扬了孩子，孩子却不买账？关键在于这些家长的鼓励和表扬不是具体的，而是空洞的。

"嗯，不错""嗯，特别棒"——这种表扬都是空洞的，孩子从这些表扬中往往只会感到家长的敷衍，让我们的教育适得其反。因此，对于孩子的表扬，我们要具体、客观、真实。

我举两个简单的例子，我们可以这样表扬孩子："你今天写字的时候，捺写得特别好，你看是不是比昨天写得进步了很多？是因为你今天单独练习了吧？你今天每一个字的捺都写得特别有力。""哇，今天你的红领巾系得特别整齐，两边都是对称的，坚持到放学还能这么整齐，说明早上肯定系得特别用心。"越具体的表扬越容易在脑里形成记忆，这能让孩子记住我们表扬的具体用词，并依循这个模式、方法去做。甚至到了五年、十年以后，这些表扬的话仍然可以留存于孩子的记忆中。对孩子的鼓励可能对我们家长来说很平常，但对于孩子幼小敏感的心灵来说却有如甘泉。

***

做孩子人生灯塔，而不是掌舵人

九〇后和〇〇后的孩子们，他们在生活和工作中往往会更加注重情绪价值的体验。所以家长在亲子沟通过程中尽量不要去触碰孩子的底线。因为在他们的意识中，情绪价值至关重要，这不只是叛逆期孩子才有的特征。

女儿在进入大学以后，我和她讨论了她的大学生活。女儿认为，在大学里的任务是好好读书，她就是因为好好读书才考上她心仪的大学的。而我则和她说，在大学里认识社会也很重要，她可以更多地参加一些社团活动，交更多的朋友。但我"点到为止"，没有把我的观点强行灌输给女儿，而是告诉她我的想法，让她自己到大学中去感受、去体验，去开始自己的人生。

在孩子的成长旅程中，我们应努力地成为一座灯塔，智慧地陪伴在他的身边。于黑暗处为他指引方向，于迷茫时助他坚定目标，让孩子在人生的浪潮中凭借自己的勇气开启属于自己的人生旅程。就像我在对孩子的教育上，会用心下每一个决策，但绝不是一路扶着她走，而是每次都和女儿一起讨论可行性，由她自己决定怎么做、怎么完成，而不是事事陪着她做、帮着她做。

我们都说现在的孩子是新时代的孩子，所以我们也应该紧跟孩子的步伐，去做新时代的父母。孩子是他自己人生的主角，作为家长，我们就是做好孩子的助理，成为支撑其前行的精神力量，助力其在自己的人生航程中绽放绚丽光彩。

家庭教育并非孤军奋战。我们大可以寻求伴侣、家人的支持与帮助，分享自己的困惑与压力，倾听他们的见解与经验。

取经式父母：经验亦是智慧

王一萍

2019 年，我迎来了宝贝儿子安安的出生。从他初来人世的第一声啼哭，到他迈出蹒跚的第一步，再到他开始肆意奔跑，作为妈妈的我始终坚持着一种"自由放养"的教育理念。这一理念深深植根于我的家庭之中，与我的生活方式和教育观念紧密相连。

在我的成长过程中，我没有经历过多的挫折和痛苦，一直被父母的爱所包围，所以我更像是一个"乐天派"，甚至一直保持着孩子般的童心。

因此，当我成为母亲的那一刻，我的内心并不知道该如何做一个合格的母亲。但这并不影响我爱安安，我愿意陪他玩、陪他闹，给予他优质的物质生活……但随着安安的长大，我们之间偶尔也会出现矛盾和分歧。我渐渐意识到，作为家长应该学会关注孩子的精神世界，让他们在面对万事万物时有自己的判断力。

然而，作为一位"初出茅庐"的母亲，我该怎么做呢？

人们会说，隔代教育有时是父母教育路上的"绊脚石"，老一辈的教育方法可能并不适合当今社会。但我却并不这么认为，我觉得我们可以从父母身上获得一些宝贵的教养智慧，让祖辈成为我们养育路上的有力"外援"，让家人成为我们养育孩子的有效"支撑"。

*** ***

尊重选择，让孩子享有决定权

不久前，我们一家三口结束了上海之旅。刚下车，安安就执意要在走回家的路上玩他的玩具。可玩具放在行李箱里，我觉得取出来挺麻烦的，就哄他回家再玩。但安安非常坚持，非要马上就玩。我也寸步不让。我们俩就这么杠上了，情绪也越来越糟。最后，我决定用妈妈的权威来压制他，我不耐烦地说："现在拿不出来！要么回家再玩，要么再也别玩了！"

这场"斗争"看似是我赢了，但走在路上安安突然跟我说："妈妈，我3岁半的时候你很可爱。现在我4岁半了，你变得一点儿都不可爱了。"我一听就愣了，问他为什么。安安回答说："因为我3岁半的时候，你让我想干啥就干啥，现在却什么都不让我干了。"

听完这话，我心里五味杂陈……

安安爸爸看到了我的失落，当天晚上跟我聊起这件事儿。我表示不明白安安为什么会这么说，甚至感觉现在的安安越来越不听话了，还有点儿叛逆。安安爸爸就帮我回忆了很多安安 3 岁时发生的一些事，我这才发现在安安 3 岁时，很多事情我们都会让他自己拿主意。

我想起，安安 3 岁那会儿，周围许多同龄的孩子都开始上兴趣班。我觉得孩子还小，不想让他太累，安安爸爸却觉得可以让安安去体验一下。最后，我们决定听听安安的想法，由他自己决定。于是，我们带安安去试听了一些兴趣班，并且最终尊重安安的意愿，报名了他喜欢的兴趣班。我又想到，那时候假期出去玩，我们也是先给安安看一些视频，问他想去哪里，然后再做决定。

其实，从安安很小的时候，我们就给了他自主选择的权利。但随着他越来越有自己的想法，我就有点儿"慌"了，总想着树立母亲的权威，所以当他做的决定不合我心意时，我就会强势地拒绝他。当他的需求一次又一次都没能得到满足时，我在他心里的形象也发生了变化，正如他说的，他觉得我"不可爱了"。而当安安一次又一次提出"无理"的要求，在我心里的他也发生了变化，我眼中的他变得"叛逆""不听话"了，于是，我更加想管住他，结果选择了一些不当的方式。

当我把这些想法告诉安安爸爸时，他耐心地跟我说，让我试试换一种方式和安安沟通。如果事情不大，又不违反原则，就放手让安安自己去试试，让他自己去经历、去体会，而不是直接口头制止他。安安爸爸说，有时候我强硬地制止他，表面上看是"平息了战火"，但安安心里其实是非常不服气的。

跟安安爸爸聊完，我的育儿思路就清晰多了。我复盘了安安想玩玩具这件事，觉得当时我可以跟他说："你可以玩，但玩具在行李箱里，你得自己打开行李箱找，找完还要把行李箱收拾好，这样可以吗？"这样，既尊重他的选择，又让他明白选择后的责任得自己承担，以后他做决定时就会考虑得更周全了。

这件事情也让我反思，作为家长我是不是经常打着"为你好"的旗号，不让孩子做这做那。其实对于那些没什么大不了的事情，与其阻止他，还不如让他自己去尝试。

此时，我感谢我的"同盟"——孩子爸爸，让我在遇到问题时，可以有人商量、有人讨论，为我指出我的育儿盲区与误区。

***

接住情绪，学会关注孩子的感受

安安有段时间很奇怪，莫名其妙地就发脾气，动不动就不开心。我问他为什么，他选择沉默不答。起初，我还能耐着性子询问，但是日复一日，我的耐心也逐渐被消磨，甚至有时会忍不住对他大吼大叫。然而，吼过之后我的内心总是充满深深的悔恨。

我的母亲看到了这一切，告诉我对待孩子要有耐心，不应该用吼叫的方式解决问题。我也很委屈，我跟母亲说，我也曾尝试过平和、温柔地与安安沟通，但似乎没有效果。

母亲耐心地听我倾诉，然后笑着告诉我："小家伙突然间变得叛逆了，多半是因为他们心里头的那个'我'开始觉醒了。他慢慢地感觉到——嘿，我可是个独立的小人儿！我有自己的看法，我想自己做主，我想说自己的话。所以啊，这时候的他对那些老一套的想法、规矩，还有大人说的那些'你应该怎么样'就特别不爱听。有时候他还会故意跟你唱唱反调，显摆显摆自己的小翅膀有多硬。"

原来，我的母亲那段时间都在看家庭教育和心理学方面的书籍。她还告诉我，心理学在解决这个问题上有一招，叫"接住情绪"。就是得懂孩子心里的那些想法，不去和他们的"叛逆"做对抗，先接住他们的情绪，再慢慢地引导他们把自己的感受说出来。这样一来，孩子就会觉得你懂他，心里自然也就舒坦了，跟你之间的关系也就不会那么"硬碰硬"了。

接住情绪？母亲说的这四个字如同一道闪电，划开了我心中的迷雾。我从未听说过这个概念，于是立刻上网查阅资料，阅读相关案例，努力学习如何"接住情绪"。

很快，我迎来了第一次实操。那是一个周末，安安在姥姥家和哥哥以及安安的几个同学玩耍，他们约定好七点半结束游戏。然而，当时间逐渐逼近，安安却表现出明显的不悦，甚至放声大哭，不肯离开。我深知安安这是没玩够，但这一次，我强行压下心头的怒火，等待他的情绪渐渐平复。然后我平静地问他："安安，你是为什么哭呢？是因为没玩够吗？"安安委屈地点点头。我接着说："那我们可以下次再约呀。妈妈知道，你在玩得正开心时突然要回家会很难过，也理解你是因为舍不得和大家分开才这样哭的。这说明安安很重友情，是好事。但是，大家明天都要上幼儿园，还要早睡早起，而且我们之前也约定时间，是不是应该遵守呢？今天哥哥和你的好朋友都做得很好，但我相信下次安安一定会做得比他们更棒！"安安听了我的话，擦干眼泪，坚定地跟我说："对，妈妈，我下次一定会遵守时间的！"

没想到，这次尝试竟然取得了意想不到的效果。所谓的"接住情绪"，其实就是理解和接纳他人的情绪，并通过适当的回应和支持，帮助他们处理和表达这些情绪。以前的我总是固执地认为，孩子的所谓情绪就是无理取闹，从未想过俯下身来，站在他的角度去看问题，去理解他情绪产生的原因，让他知道他的感受是被理解和尊重的。以前我也不会等到他情绪稳定下来后，再耐心地和他分析问题，寻找解决方案。

自从这次谈话后，安安不再像以前那样因为玩不够而闹情绪，而是成为一个很遵守时间的小朋友。每次我提醒他时间快到了，他都能很痛快地和小朋友们说再见，并约定下次再玩。

看着安安一步步的成长与变化，我的内心充满了喜悦和满足。我知道，这一切的积极变化，很大程度上得益于我学会了"接住情绪"，学会了用理解和接纳的方式去对待他的各种情绪，让他感受到更多的爱和支持，帮助他更好地成长。

虽然到目前为止，我只是用这一方法成功地解决了一个具体问题，但生活中总是充满了挑战，接下来可能还需要面对更多的难题，需要我继续保持冷静，控制情绪，用平和的心态去与安安沟通。然而，即便前路未知，我也感到无比安心，因为我已经掌握了这个沟通的技巧，它让我在与安安的相处中变得更加从容，也让我对未来与他一起克服困难充满信心。

此时，我感谢我的"后援"——母亲，是她用她的知识储备告诉我方法、教会我技巧，让我在育儿路上懂得设身处地为孩子着想，让我能走进孩子心中的那个世界。

＊＊＊

言传身教，引导孩子更好地成长

安安是个"起床困难户"，每天早都需要叫好几遍才能起，有时甚至还有"起床气"，一周经常要迟到好几天。每每这时，他自己也非常懊恼，和我说他并不想迟到。但早起对他来说好像真的太难了，我和安安爸爸想了好多办法，软硬兼施，但效果都不理想。

此时，姥姥又立功了。那几天，恰好姥姥看了心理直播课，有一节课是讲给孩子立规矩的。姥姥说："这个方法刚好我们可以用得上。我们一起在家里制定一个'早起早睡'的家规，全家人都要做到。"于是，我们一家人一起开了一个家规会议。安安也提了好多意见，最终，经过我们全家举手表决通过，家规正式施行。

为了让安安有一个过渡期，我们决定先适应一周，从第二周开始严格执行。关于"早睡早起"的家规，刚开始安安还是很不适应，有点儿不情愿，但是看到我跟他爸爸都严格遵守，他一想到是自己举手表示要"说到做到"的，便也下决心要严格遵守。经过一段时间的坚持，现在安安一听到闹钟响就可以自己起床了。他还很自豪地告诉我："妈妈，我都不用你叫了，我自己就可以起床！"

孩子是天生的模仿者，父母的一言一行都在无形中影响他们。全家人共同建立的家规，对于小小的孩子来说其实非常重要。当他看到家里的其他成员都说到做到，就能感受到榜样的力量。同时，也能体会到要信守承诺的重要性，答应别人的事一定要做到，这对培养孩子的责任心也很有助益。

其实，关于言传身教，在我们家还有一个例证，就是安安的劳动意识。安安从小就会和我们一起做家务，这主要是因为在我们家没有一个人是抱着事不关己的态度做家务的，大家都非常主动地参与劳动。我们也会告诉安安，家务不是家里某一个人的事，而是每个人的事，而他也是家里的一分子，所以也要参与其中。我们会在饭前饭后让安安一起端盘子、擦桌子，还给安安买了小扫帚、小围裙、小套袖，大人拿着大扫帚清扫，安安就拿着小扫帚清扫。饭后，安安会争着洗碗，他站在小板凳上，洗得有模有样。我们喝茶时，安安会抢着给我们放茶叶。我们吃早饭时，安安会帮忙剥鸡蛋……

有的时候，我们会抱怨教育孩子很难，其实静下心来想一想，是不是我们家长本身做得不够好？当我们成为更好的自己，或许就能影响孩子更好地成长。

此时，我感谢我的"后援"——母亲，是她想到了用"家规"的方式帮助孩子建立良好习惯。更是在母亲的身上我看到了许多美好的言行，我习得了许多美好的言行，并以家风的力量代代相传。

* * *

寓教于乐 让孩子自己探索世界

安安的童年大多数时间就只有一个字——"玩"。可能许多人会问，"那么小的孩子不玩干什么呢？"其实，我这里说的"玩"并不是单纯意义上的玩，而是让他在玩中有收获和成长。

和许多想要"抢在起跑线"的家长不同，我不喜欢"强迫式"的教育方式，所以也没有强迫安安学会背九九乘法表、学习拼音、认字等，而是让他在生活中自己去探索、去发现、去感悟。

都说在玩中学，寓教于乐。其实寓教于乐于我而言是有滞后性的。所谓的"滞后性"，是在我发现安安突然学会了某些方面的知识或技能时，回过头才发现原来当初做的某件看似平常的事，竟然在潜移默化地影响着他的成长。当我真正感悟到这一切时，我体会到了寓教于乐的强大力量。在玩这件事上，安安爸爸可以说是我的最强同盟军。

所以，我始终认为，在家庭教育中，父母双方要成为教育联盟，成为对方最坚实的"后盾"。在我们家，我和安安爸爸经常会和安安一起玩游戏，当我们三个人一起玩的时候，安安就会特别快乐，而且能在玩中学到很多本领。

以我们经常玩的扑克游戏为例，玩法虽然很简单，但却很有意义。一方面安安可以在玩的过程中学习数字，同时，还可以锻炼他的抗压力、抗挫力。这得益于我们采用的"战术"：游戏的前几局，我们往往会让安安先赢，让他产生信心。这个时候，我们就会说："安安真厉害，又赢了，但是没关系，我不会放弃，再来！"安安会发现我们虽然输了，但是心态很好，这就给他做了一个正向的引导示范——虽然游戏输了，但士气不能输。后面几局，我们赢了就会说："我终于赢了，我就知道只要努力不放弃，就一定会赢！"这样可以给安安传递输赢并不重要，重要的是"胜不骄，败不馁"的心态。慢慢地，安安就知道了不管输赢，都要坦然面对，并且一直充满斗志，戒骄戒躁。甚至有时，如果我们一直输，表现出低落的情绪时，他还会像小暖男一样安慰我们、鼓励我们，说下次我们肯定会赢。

除了扑克游戏，我们还会常常带安安玩"金钱游戏"。现在，很多孩子往往对"钱"没有什么概念，只知道用手机一扫，无论想要什么，都可以"一扫即来"。因此，为了让安安对钱有一个清晰的认知，我会给他准备了一些现金，让他有自己的钱。有时我会给他安排任务，比如拿20元钱出门，让他去玩具店挑选一样东西。在他购买玩具和与人交流的过程中慢慢就对"钱"有了真实的认知，让他知道生活中买东西是需要用真金白银来做交换的，不能随便乱花钱。同时，在找零钱的过程中，一些数学中的加减法也融入其中，让孩子提前进入到应用层面。目前来看，这些游戏对于安安来说都非常受用，他也很愿意参与其中。

这件事，我要感谢我的"同盟"——我的先生，我们在育儿这条路上步调一致、互为"支援"，在和孩子一起游戏的过程中寓教于乐，一家人其乐融融、有商有量。

其实，每个孩子都是独一无二的，他们有着各自不同的成长步调和方式。那些看似成功的育儿经验，都是我成为妈妈后通过一次次的尝试和探索慢慢总结出来的。很多时候，我会回忆或询问我的父母，我小时候在面对这些问题时他们是如何做的、是如何教育和引导我的。而他们会根据经验告诉我可以怎样做、可以尝试怎样的方法，并给予我最大的理解和鼓励。

所以，家庭教育并非孤军奋战。我们大可以寻求伴侣、家人的支持与帮助，分享自己的困惑与压力，倾听他们的见解与经验。从他人身上"取经"，可以帮助我们在教育路上少走弯路，更加从容地面对各种挑战。我很庆幸自己有可以依靠的养育同盟和后援，让我在摸索中逐渐向着正确的道路行进，并欣喜地见证孩子一步步茁壮成长的过程。如果此刻，你也正被家庭教育的难题所困扰，不要羞涩，不要犹豫，勇敢地去寻求帮助吧！这并非什么难以启齿的事，因为谁不是第一次做家长呢？

后记

写这篇后记的当天，刚好在和付婷及刘倩确认本书的最终封面。因为我们都已为人父母，凑在一起自然而然就会聊到孩子。每个孩子来到这个世上，都有自己的路要走，无论未来他会面对什么样的境遇，我们都一定要做最信任他的那个人，这是孩子行走世间的底气。

于我而言，这本书也是一个孩子。从第一篇文章完稿到图书上市，刚好也是10个月。可能它会被很多人看见和喜欢，也可能它会默默无闻或者收到不一样的评价。无论如何，现在到了它要独立面对这个世界的时候了。

如果细心的话，你就会发现，我们用一只蜗牛串联起了这本书中的插画。这是插画师唐娜老师的用心设计，她融合了自己与大自然对话时获得的灵感，也送上了快节奏生活下相对平和、温情的祝福。

封面则是设计师文俊老师从艺术方面来展现生命的美，同时也表达了对生命个体应是个性多元、自由自在的认识。

文字方面除了24位作者的用心写作之外，这本书也凝结了我们幕后工作者的心血，他们是：这本书的责任编辑刘倩、好书联盟的项目策划付婷、本书的特约编辑杨希、蔡文芳、蔡云飞、刘妍明。

感谢所有人的支持与信任，你们是这本书在面对读者时的底气。

这本书是"好书共创"品牌的第一本书。我们创立"好书共创"

的初心是希望用出版的力量让每一个闪闪发光的人都能被这个世界看见。所以，这本书仅仅只是一个开始，如果你有独特的精彩和对这个世界的热爱，我也邀请你参与到好书共创中来，成为我们的作者，让我们一起遇见更多的同道中人，一起点亮这个世界。

最后，我要感谢我2岁的女儿，是她让我有机会成为一名父亲，感谢我的爱人对我工作的包容与支持，更感谢我的父母对我们生活的照料，是你们让我更有精力去做我真正想做的事情。

借这本书，祝天下所有的父母和儿女，平安、健康、喜乐。

图书在版编目（CIP）数据

让花成花，让树成树 / 于海朋, 姜倩莉, 林伟主编.

青岛 : 青岛出版社, 2024. -- ISBN 978-7-5736-2835-0

Ⅰ. G782

中国国家版本馆CIP数据核字第2024QS0191号

RANG HUA CHENG HUA, RANG SHU CHENG SHU

书　　名	**让花成花，让树成树**
主　　编	于海朋　姜倩莉　林　伟
出版发行	青岛出版社
策划出品	付　婷
社　　址	青岛市崂山区海尔路182号（266061）
本社网址	http://www.qdpub.com
邮购电话	0532-68068091
策划编辑	周鸿媛
责任编辑	刘　倩
特约编辑	杨　希　蔡文芳　蔡云飞　刘妍明
插　　画	唐　娜
装帧设计	文俊丨1204设计工作室（北京）
制　　版	青岛千叶枫创意设计有限公司
印　　刷	青岛海蓝印刷有限责任公司
出版日期	2024年12月第1版　2024年12月第1次印刷
开　　本	32开（889毫米×1194毫米）
印　　张	11.25
字　　数	216千
书　　号	ISBN 978-7-5736-2835-0
定　　价	68.00元

编校印装质量、盗版监督服务电话：4006532017　0532-68068050